Anne-Madeleine Plum

Bau meine Kirche auf!

AF666477

Anne-Madeleine Plum

Bau meine Kirche auf!

Biblisch inspirierte Alltags- und Feiertagsgedanken

Fromm Verlag

Imprint

Any brand names and product names mentioned in this book are subject to trademark, brand or patent protection and are trademarks or registered trademarks of their respective holders. The use of brand names, product names, common names, trade names, product descriptions etc. even without a particular marking in this work is in no way to be construed to mean that such names may be regarded as unrestricted in respect of trademark and brand protection legislation and could thus be used by anyone.

Cover image: Vom Autor bereitgestellt

Publisher:
Fromm Verlag
is a trademark of
International Book Market Service Ltd., member of OmniScriptum Publishing Group
17 Meldrum Street, Beau Bassin 71504, Mauritius

Printed at: see last page
ISBN: 978-620-2-44290-9

Copyright © Anne-Madeleine Plum
Copyright © 2018 International Book Market Service Ltd., member of OmniScriptum Publishing Group
All rights reserved. Beau Bassin 2018

Inhalt

1. Kirche aufbauen

1.1 Stell mein verfallenes Haus wieder her

Wir erinnern uns vor Gott an das Werk eures Glaubens, an die Opferbereitschaft eurer Liebe. (1.Thessalonicherbrief 1,3)

Vor einiger Zeit war Island das jährlich wechselnde Gastland der Frankfurter Buchmesse. Was passt besser zu diesem nördlichen Land, als die Vorstellung von gemütlichen Leseabenden, bei denen man in warme Decken gehüllt alte isländische Märchen und Sagen liest? Aber Island hat durchaus auch ganz andere Schriftsteller zu bieten, so etwa den Autor und Literatur-Nobelpreisträger des 20. Jahrhunderts Halldór Laxness. Ein erfolgreicher und ziemlich unbequemer Mann war das. Erfolgreich wegen seines unbestrittenen Talents, unbequem wegen seiner politischen Ansichten.
Halldór Laxness, der in seiner Jugend zur katholischen Kirche übertrat, diesen Weg dann wieder verließ und erst als hochbetagter Mann zur Kirche zurückfand, hat sich in einem seiner späten Werke mit einer kleinen Kirche in einem abgelegenen isländischen Tal beschäftigt. *Kirchspielchronik* heißt das kleine Büchlein. Und es handelt von einer Kirche, die gegen den Willen der stolzen Bauern der Gegend abgerissen wird.

„Nun war es ja schon lange her, seitdem der König die Anordnung unterzeichnet hatte, daß die Mosfellskirche zu verschwinden habe. Zu jener Zeit wurden die Einwohner des Landes angewiesen, aus Sparsamkeitsgründen überall in Island Kirchen zusammenzulegen“ heißt es da schlicht. Als nun Pröpste, Pfarrer und Gemeinderatsvorsteher ein Jahrhundert später beschließen, der Abriss müsse nun endlich in Angriff genommen werden, protestiert keiner. Vielmehr fügt man sich und als der Pastor persönlich von Hof zu Hof reitet, um die Unterschriften für die geplante Zusammenlegung der Kirchen zu sammeln, leisten sie halbherzig und ohne Überzeugung ihre Unterschrift für das Schreiben an den Bischof. Aber einigen lässt das doch keine Ruhe, sie appellieren an den Stolz und an die Tradition und an den Wunsch, auf dem Boden der eigenen Kirche beerdigt zu werden.
Wie es nun weitergeht mit dieser Kirche, das muss man am besten selbst nachlesen. Nur so viel sei verraten: Irgendwann war der Klang der uralten Glocke wieder zu hören und man feierte wieder Gottesdienst im Mosfellsdal. Glocke und Kelch wurden bewahrt durch die Sorge einer bettelarmen alten Frau, Gudrun Jónsdóttir. Eine Frau, die vom Dichter mit leiser Ironie als emanzipierte und selbstständige Arbeiterin geschildert wird, „strenggenommen ein Kapitalist“, weil sie irgendwann auch ihr eigenes Pferd besaß.

Wenn wir heute Kirchen abreißen, dann kaum auf Anordnung des Königs, eher vielleicht aus Sorge vor herunterfallenden Steinen, vor unbezahlbaren Sanierungskosten, weil man ein teures Grundstück verkaufen möchte oder weil die Gemeinde für diese Kirche zu klein geworden oder sogar ganz ausgezogen ist. Aber manchmal braucht es Ermutigung. Und die Treue dieser wortkargen Talbewohner zu ihrer alten Kirche scheint mir beispielhaft. So endet das Büchlein nicht zufällig mit einem Ausspruch der besagten Gunna, die man auch die Große nannte: „Kann denn ein Mensch jemals einem anderen denn sich selbst treu sein?“ Aber das gehört zur Geschichte vom teuren Brot. Und das ist eine andere Geschichte der *Kirchspielchronik.* Ihrem Kirchlein allerdings bleiben sie treu.

Ab und zu kann man in deutschen Zeitungen lesen, wie kleine Dörfer sich um ihre Kirchen kümmern. Statt Verfall oder Umbau zum Hotel gibt es auch andere Ideen.
Wer anfängt, sich selbst für den Erhalt von einem kleinen Kirchlein einzusetzen, erfährt Zusammengehörigkeit und spontane Mithilfe anderer. Oder es kommen Helfer von außerhalb. Da gründet zum Beispiel ein Hamburger Schulleiter eine Patenschafts-Initiative und sorgt mit temporären Arbeitseinsätzen ganzer Schulklassen dafür, dass eine baufällige kleine Backsteinkirche in Mecklenburg wieder hergestellt wird – und man dort wieder Gottesdienst feiern kann. Eine tolle Idee. Und es finden sich immer Schüler, die bei guten Ideen mitmachen.

Unwillkürlich fällt mir da Franz von Assisi und das baufälligen kleinen Kirchlein in San Damiano ein. Franziskus hört dort die Stimme Jesu die ihm sagt: *Franziskus, stell mein verfallenes Haus wieder her.* Franziskus hat das ganz wörtlich genommen, so wörtlich wie die freiwilligen Helfer von Müsselmow. Aber Franziskus geht es auch um die geistliche Erneuerung der gesamten Kirche. Sein Weg dabei war die Liebe zu Jesus Christus, der Weg der fröhlichen Armut und eine Predigt der klaren, aber auch poetischen Worte. Man kann sagen, Franziskus lebt und predigt nichts anderes als das unverkürzte Evangelium. Und beginnt damit, indem er die kostbaren Stoffballen seines Vaters und sein eigenes Pferd verkauft und erst einmal Baumaterial besorgt.

Ich habe die Erfahrung gemacht, dass Ordensleute noch heute oft eine ganze Portion von dieser zupackenden Art des Franziskus haben. Die Praxis ist bei ihnen nie weit von der Theorie weg. Und etliche von denen die ich kenne, können Kutte oder Ordensgewand im Nu weinberg- oder baustellentauglich machen. Sie haben schneller ihre weiten Ärmel hochgekrempelt oder eine blaue Schürze umgebunden, als man gucken kann.
Die Kirche wieder aufbauen, das gelingt durch Tun, nicht durch bedrucktes Papier. Und die vielen Kirchen Deutschlands, deren Abriss oder Umbau in den kommenden Jahrzehnten noch zur Debatte stehen wird, warten sicher auf solche motivierten Leute wie diesen Schulleiter oder einen der neuen Kirchbaufördervereine. In denen so mancher Aktive übrigens gar nicht Mitglied einer Pfarrgemeinde ist.

„Wir danken Gott für euch alle und erinnern uns vor Gott an das Werk eures Glaubens, an die Opferbereitschaft eurer Liebe und an die Standhaftigkeit eurer Hoffnung“ (1 Thess 1,2-3) schreibt Paulus der Gemeinde in Thessalonich, der er sich über alle räumliche Distanz hinweg verbunden fühlt. Ich kann mir gut vorstellen, dass wir in Zukunft solche Verbundenheit über ein kleines Kirchlein auch bei uns erleben werden.

Mariae Himmelfahrt, Mainz (Foto: Harald Hartung)

1.2 Ein Kreuz im Turmuhr-Stübchen

Ja, Gott war es, der in Christus die Welt mit sich versöhnt hat, indem er den Menschen ihre Verfehlungen nicht anrechnete und uns das Wort von der Versöhnung anvertraute.
(2. Korintherbrief 5,19)

Ein Turmuhr-Stübchen ist einer jener Orte, die eine ganz besondere Atmosphäre haben. Man kann gar nicht so genau sagen, was den Reiz ausmacht: Die luftige Höhe? Der Blick nach unten? Der etwas beschwerliche Weg, bis man sein Ziel erreicht hat? In jedem Fall hat dieser Raum nun eine wirklich gelungene Mitte bekommen: Ein Kreuz, das eine Geschichte zu erzählen hat.

Ein Gemeindemitglied hat dieses Kreuz mit viel künstlerischem Gespür und handwerklichem Know-how gestaltet, und dann auch noch wunderbar fotografiert. Die Geschichte dieses Kreuzes geht etwa so: Am Anfang ist da der Korpus, den er schon einige Jahre aufbewahrte. Als dann die Pfarrkirche eine Turmuhr bekam, geriet auch das Turmuhr-Stübchen in den Blick. „Da muss ein Kreuz hoch", war sein Gedanke. Gesagt, getan.

Die Fassdauben von einem alten Binger Fass wurden auf die richtige Länge abgesägt, nach dem Goldenen Schnitt berechnet. Auf dem Holz musste der auskristallisierte Weinstein entfernt werden, das war durch die Rundung nicht ganz einfach. Mit einem besonderen Holzhobel wurden die Dauben angeschliffen, die Ablagerungen bis auf das blanke Holz entfernt, mit einer Ziehklinge wurde die Innenseite glatt gezogen, dann die Oberfläche geschliffen. Schließlich wurden sie mit Holzöl eingestrichen, mit einem Stoffballen abgezogen, so lange, bis eine samtige Oberfläche entstand. Die Außenseite des Fasses wurde nur mit einer Stahlbürste abgebürstet und mit Holzöl behandelt. Schließlich wurde der Korpus auf die gekreuzten Fassdauben montiert und eine Aufhängung angebracht. Wie dann das Kreuz seinen steilen Weg nach oben fand, wie dort immer wieder neue Staubschichten entfernt und das Foto selbst entstand, das bleibt unerzählt.

Wer ein Kreuz aufhängt oder ein Kreuz anblickt, schaut auf das zentrale Symbol unseres Glaubens schlechthin. Oft wird es heute missverstanden als Zeichen für Trauer, Tod und Grausamkeit, ähnlich wie es im Römischen Reich gesehen wurde. Wer Jesu Botschaft und Leben nicht kennt, der versteht nicht, warum Christen dieses Kreuz so kostbar ist, ganz unabhängig vom verwendeten Material. Nicht Jesu Leiden und sein grausamer Kreuzestod allein machen es uns so wertvoll. Sondern Christi liebende Hingabe, seine Auferweckung und Erhöhung geben dem Kreuz seine tröstende, uns aufrichtende Bedeutung. Am Kreuz hat Jesus die Schuld der Welt ausgehalten und durch Liebe verwandelt. Am Kreuz vergibt er dem Verbrecher an seiner Seite, der bereut. Am Kreuz vertraut er Johannes die Sorge um seine Mutter an. Am Kreuz übergibt er ihr den Jünger als Sohn an seiner statt. Am Kreuz erfährt er die Einsamkeit, die Verlassenheit eines Menschen. Am Kreuz gibt er sich ganz in die Hände des Vaters. Am Kreuz stiftet er Versöhnung.

Versöhnung ist ein Schlüsselwort christlichen Lebens. Unsere Versöhnung mit Gott geschieht im Glauben an die Vergebung, die er uns anbietet. Unsere Versöhnung mit unseren Mitmenschen beginnt damit, dass einer sie dem anderen anbietet. Wer unversöhnlich ist, wird oft krank, sagt uns die Psychotherapie. Wer sich versöhnen möchte, tut den ersten Schritt zur Gesundung. Dass Beziehungen wieder heil werden können, Zerstrittene zueinander finden, Ehepartner sich mit einander und selbst verfeindete Länder oder Volksgruppen sich versöhnen, das geschieht nicht von allein. Es gibt Einzelne und Gemeinschaften, die ihr Leben ganz in den Dienst der Versöhnung stellen.

Auf einem Soldatenfriedhof in der Normandie verbindet eine „allée de la paix“ die unübersehbare Zahl der deutschen Gräber mit dem Feld der alliierten Soldaten. Das Maximilian-Kolbe-Werk arbeitet seit Jahrzehnten für die deutsch-polnische Versöhnung. Givat Haviva, eine auch in Deutschland ansässige israelische Einrichtung, setzt sich für die jüdisch-arabischen Verständigung ein. Eine Organisation wie der Philippus-Dienst möchte Botschafter der Versöhnung zwischen an Jesus glaubenden Juden, Arabern und Christen aus allen Nationen sein.
Versöhnung braucht immer beide Seiten. Wenn der andere die ausgestreckte Hand ablehnt, ist Versöhnung nicht möglich. Ein modernes Kirchenlied singt davon, wie Versöhnung sein kann. Der Liedermacher Jürgen Werth findet wunderschöne Zeilen dafür: Wie ein Fest nach langer Trauer, wie ein Feuer in der Nacht, wie ein Brief nach langem Schweigen, wie ein unverhoffter Gruß, wie Heimatklänge für Vermisste, wie ein Weg aus der Bedrängnis, ein Ich-mag-dich-trotzdem-Kuss. So ist Versöhnung. So ist Vergeben und Verzeih'n.

Den Mut und die Kraft zu dieser Versöhnung schenkt uns Gott selbst. Die ausgebreiteten Arme des Gekreuzigten sind zugleich die Arme des Vaters, der sehnlich auf seinen verlorenen Sohn, seine verlorene Tochter wartet und diese liebevoll umarmt. Ganz so, wie die gebogenen Kreuzesarme im Turmuhr-Stübchen dies sinnbildlich tun.

1.3 Auf ihn gegründet

Bleibt in ihm verwurzelt und auf ihn gegründet und haltet an dem Glauben fest, in dem ihr unterrichtet wurdet. (Kolosserbrief 2,7)

Es gibt Tage, an denen schwankt unsere Laune wie das sprichwörtlich launische Wetter. Sonnenschein und Hitze wechseln sich mit Regenwolken und kühlem Wind ab. Unsere Sprache hat einen schönen Ausdruck dafür: Himmelhoch jauchzend – zu Tode betrübt. Angenehm sind solche Schwankungen nicht. Weder für die, die in ihren Ferien gern verlässliches Badewetter hätten, noch für die, die unsere Stimmungsschwankungen ertragen müssen. Wer viel mit anderen Menschen zu tun hat, kann davon ein Lied singen. Ob die Bedienung im Lokal oder die Verkäuferin an einem hektischen Tag, wie oft müssen sie die Launen ihrer Kunden - oder manchmal auch nur schlechte Manieren - ertragen und dürfen sich nicht einmal beschweren.

Allerdings reagieren wir mit unseren Stimmungen ja nur auf Veränderungen, so wie die Hochs und Tiefs auf der Wetterkarte für einen Temperaturmix sorgen. Aber während wir uns dem Wetter eben anpassen müssen, ob in Kleidung oder Tagesprogramm, so ist das mit unserer Laune doch anders. Von dem Nationalheiligen und König Ungarns, dem heiligen Stephan, wird der Rat überliefert: Sei starkmütig, damit dich das Glück nicht erhebe und das Unglück nicht niederbeuge". Ein guter Rat. Aber gar nicht leicht zu beherzigen.
Woher diese Stärke nehmen, wenn der Alltag bald diesen bald jenen Stolperstein für uns bereit stellt?

Das Motto des Madrider Weltjugendtages schlug einen klaren Weg vor, um Stärke zu gewinnen: „In ihm verwurzelt und auf ihn gegründet, fest im Glauben." Ich höre dabei zwei Botschaften heraus. Zum einen: Wer baut, braucht ein gutes Fundament. Eine handfeste Grundlage, auf der man stehen kann. „Steht fest im Glauben" lautete ja auch der Wahlspruch, den der Mainzer Kardinal Lehmann sich als Bischof einst auswählte. *State in fide* (1.Korintherbrief 16,13), das ist ein Vorsatz, eine Aufforderung, ein Lebensprogramm. Und die andere Hälfte der Botschaft von Madrid gefällt mir genauso gut. Wie ein Gebäude, ob eines aus Steinen oder ein geistiges Gebäude, ein tragfähiges Fundament braucht, so braucht eine Pflanze Wurzeln. Wurzeln die tief reichen, die sie mit Nahrung versorgen und Wachstum ermöglichen. Das ist eine Notwendigkeit, die sich aus ihrer Natur ergibt. Beides ergänzt sich gut. Ohne Fundament kein fester Halt, ohne Wurzeln keine gesunde Lebendigkeit.
Das Motto von Madrid scheint mir eine gutes Rezept gegen unser himmelhochjauzend-zutodebetrübt. Die Verbundenheit mit Jesus Christus schenkt uns Beständigkeit im Wandel. Glaube, der weiß was er glaubt und warum, der zugleich tiefe geistliche Wurzeln hat, damit halten wir auch stand, wenn uns der Wetterumschwung des Lebens wieder einmal ziemlich zerzaust.

2. Eine große Familie

2.1 Geschwister haben gemeinsame Wurzeln

Sie hielten an der Lehre der Apostel fest und an der Gemeinschaft, am Brechen des Brotes und an den Gebeten. (Apostelgeschichte 2,42)

Im Januar begehen Christen in aller Welt acht Tage lang die Gebetswoche für die Einheit der Christen. Seit 1968 gibt es eine solche Gebetswoche, traditionell für die nördliche Halbkugel unserer Erde vom 18. bis zum 25. Januar.
In einem Jahr wurde sie auch von palästinensischen Christen vorbereitet, also von Christen, die dort leben, wo die geschichtlichen Ursprünge unseres Glaubens liegen.

Die Christen Palästinas führen uns zu unseren gemeinsamen Wurzeln. So ist das doch unter Geschwistern: Was sie am tiefsten verbindet, ist ihre Herkunft. Das ist das Elternhaus, die gemeinsame Kindheit, gemeinsamer Alltag, gemeinsam Erlebtes. Egal wie alt man wird, egal ob man sich immer prächtig versteht oder nicht, ob man sich häufig trifft oder fast nie, diese gemeinsamen Wurzeln teilt man mit keinem anderen so wie eben mit den eigenen Geschwistern.
Da braucht man nicht lange erklären, wovon man spricht. Da muss man nicht weit ausholen, um sich verständlich zu machen. Nein, unter Geschwister reichen manchmal schon ein paar Worte, ein halb angefangener Satz, und schon wissen alle, wovon man spricht. Über welche Begebenheit, welche gemeinsam erlebte Situation. Eine Handbewegung oder ein Augenzwinkern reichen, um sich an Angewohnheiten und Rituale in der Familie zu erinnern. Mit Geschwistern kommt man einfach schnell zum Punkt, manchmal allerdings auch zum Streitpunkt.

Die Christen Palästinas hatten sich für diese Gebetswoche ein wunderbar passendes Bibelwort gewählt: „Sie hielten an der Lehre der Apostel fest und an der Gemeinschaft, am Brechen des Brotes und an den Gebeten". Dieser Satz steht in der Apostelgeschichte, im zweiten Kapitel. Gemeint sind dabei tatsächlich die Kernpunkte unseres Glaubens, die diese ersten Christen verband, die sie zu einer Gemeinschaft machten und zugleich von anderen unterschied: Die Lehre der Apostel, die Feier des Herrenmahls, das gemeinsame Gebet.
Und das sind genau dieselben Dinge, die uns Christen noch heute, zweitausend Jahre später, immer noch im tiefsten verbinden: Unser gemeinsamer Glaube, die Feier dieses Geheimnis des Glaubens, das Gebet.
„Zusammen glauben, feiern, beten", in diesen wenigen Worten liegt das Programm für ein ganzes Leben. Und die Erinnerung daran, dass Christen eine große Familie sind.

2.2 Feste können verzaubern.

Wenn du ein Essen gibst, dann lade Arme, Krüppel, Lahme und Blinde ein. (Lukas 14,13)

Ende November feiert man in Amerika Thanksgiving. Abgesehen vom berühmten Truthahn, von Kürbissuppe oder Pumpkin Pie, ist Thanksgiving eine Mischung aus Erntedank und Familienfest, ein Anlass für Familienmitglieder, sich zu treffen und miteinander ein Festtags-Menü zu genießen. Und ein Anlass Danke zu sagen für all das, wofür man dankbar ist. Das Wichtigste an Thanksgiving ist das gemeinsame Essen. Es kursieren zahllose Witze darüber, wie viele Stunden man braucht, um ein echtes Thanksgiving-Menü zu kochen und wie rasch es dann verzehrt ist.
Und wie bei jedem Festessen, gibt es nicht nur viel Arbeit in der Küche, sondern auch schon im Vorfeld des Festes. Wer heute ein solches Fest organisiert, plant in der Regel ziemlich genau. Da wird eine To-do-Liste geschrieben, die man nach und nach abhakt. Da kalkuliert man die Mengenangaben, macht sich Gedanken über die Sitzordnung und die Dekoration. Ein Festmahl ist heute ein Test in Sachen Logistik, wie gut kann der Gastgeber organisieren, an was hat er alles gedacht und wie gut geht sein Konzept auf...? All das will überlegt sein, natürlich.
Trotzdem scheinen mir die Feste am schönsten, bei denen man von all der mühsamen Vorbereitung am wenigsten spürt, bei denen die Gastgeber Zeit für die Gäste haben und die Freude über die Feier und ihren Anlass im Vordergrund steht. Vielleicht können junge Menschen deshalb besonders gut feiern. Sie ärgern sich am wenigsten darüber, wenn in der Planung mal etwas vergessen wurde, wenn das Essen nicht ganz reicht, die Suppe versalzen oder zuwenig Sitzplätze vorhanden sind. Während erprobte Festgäste sich oft schon über kleinste Unzulänglichkeiten aufregen. Neben wem sie platziert wurden, warum der Service so schlecht oder der Wein nicht kalt genug ist. Dabei kommt es auf all das gar nicht an. Sondern letzten Endes entscheidet die Stimmung, ob ein Fest gelingt oder nicht.

Eine der schönsten Schilderungen eines Festmahls enthält die Novelle „Babettes Fest" von Tanja Blixen. Nach unendlichen Vorbereitungen wird ein komplettes Vermögen für all die erlesenen Zutaten und Weine ausgegeben. Und doch ist es ein Festmahl, das es wert ist, denn es verwandelt die Gäste. Aus Nörglern und verfeindeten Kleingeistern werden großmütig verzeihende Freunde. Aus Geizkragen werden Genießer. Aus Unzufriedenen werden Glückliche. Aus Skeptikern Glaubende. Auf einer tieferen Ebene ist dieses Mahl Sinnbild für die Eucharistie, für die verwandelnde Kraft selbstlos schenkender Liebe.

Ein Fest kann vieles verändern. Es kann Familienbande kitten oder kappen. Es kann über den Alltag erheben und verzaubern. Und es kann uns dankbar machen. Dankbar für die, die es mit uns feiern. Und für den, dem wir alles verdanken.

2.3. Mit Humor auf Tuchfühlung

Ertragt einander in Liebe! (Epheserbrief 4,2)

In den Fastnachtshochburgen feiert man eine fünfte Jahreszeit. Und mit der Kampagne und ihren Sitzungen kursieren sie wieder, die Witze, Kalauer und kleinen Seitenhiebe auf Politiker, gesellschaftliche Größen und auf die Nachbarstadt. Was wäre die Kölner Fassenacht ohne Witze über Düsseldorf, was die Mainzer Fastnacht ohne Witze über Wiesbadener? Undenkbar, genau. Und sicher auch eine Spur langweiliger.

Dabei ist es doch interessant, dass man in Köln keine Witze über Frankfurter erzählt. Und in Düsseldorf kein Wort über Wiesbadener hört. Woran liegt's eigentlich, dass für diese Hasslieben die Geographie eine solche Rolle spielt? Warum geht diesen Witzen nie der Stoff aus? Es kann doch offenbar nur eines sein: Die direkte Nachbarschaft. Und das gilt nicht nur für Fastnachtsstädte. Sondern auch für völlig andere Nachbarschaften.

Vor einigen Jahren hörte ich einmal einem klugen, weitgereisten Jesuitenpater zu, der viele Jahre in Asien, im Nahen Osten und in allen möglichen Ländern gelebt hat. Der meinte: Je näher sich Menschen in religiösen Dingen stehen, umso mehr streiten sie sich in Glaubensfragen. Je weiter entfernt sie voneinander sind, je exotischer die Religion des einen für den anderen ist, umso höflicher geht man miteinander um. Ein überzeugter Protestant wird sich nicht mit einem frommen Hindu streiten. Ebenso wenig ein Katholik mit einem asketischen Buddhisten. Aber Angehörige verschiedener christlicher Konfessionen können trefflich und ausdauernd über ihren Glauben streiten. Der Gedanke hat mich damals verblüfft.
Ja, vielleicht ist es wirklich unsere religiöse Nachbarschaft, die uns so unerbittlich in manchen Streitfragen macht. Dabei sind es häufig gar nicht die großen Fragen des Glaubens, über die so hitzig debattiert wird. Im Gegenteil, um die geht es leider viel zu selten. Oft sind es reine Äußerlichkeiten, liebgewordene Gewohnheiten.
Mitglieder ein und derselben Pfarrei können über solche Fragen stundenlang diskutieren, weil sie sich beispielsweise nicht einigen können, ob auf dem Altar Blumen stehen dürfen oder nicht. Oder wie im nächsten Jahr die Krippe gestaltet wird, wo man die Kreppeln oder Würstchen kauft oder hundert andere Reizthemen.

Ich habe noch oft bei solchen Diskussionen an diesen international bekannten Pater denken müssen. Vielleicht sollten wir es so machen wie die fastnachtlichen Büttenredner und deren Zuhörer: Die eigenen Schwächen und die der anderen mit Humor nehmen. Humor ist wenn man trotzdem lacht, sagte einst Karl Valentin. Mitlachen, auch wenn der Witz mal auf eigene Kosten geht. In einer Familie lernt man das.
Und in der großen Glaubensfamilie der Christen braucht es genau diesen Humor, der die eigenen Schwächen erkennt und die der anderen nicht so tragisch nimmt.
Ehrlich gesagt freue ich mich schon auf den besten Wiesbadener-Witz der nächsten Kampagne. Und dann nehme ich sofort das Telefon zur Hand und erzähle ihn unseren Freunden. Die sind nämlich Wiesbadener.

2.3 Hochzeitstage

Wohin du gehst, dahin gehe auch ich, und wo du bleibst, da bleibe auch ich. (Ruth 1,16)

Mit Hochzeitstagen ist das so eine Sache. Einen zu vergessen, kann Folgen haben. Eines Tages kam mein Mann nachhause und erzählte: Stell Dir vor, heute, mitten in unserer Besprechung kam ein Bote reingeplatzt und brachte einen riesigen Strauß Rosen und gab ihn einem der anwesenden Herren: Mit schönen Grüßen zum Hochzeitstag von ihrer Frau. Das schlug ein wie ein Bombe, kannst Du Dir vorstellen." Die Runde lachte und der Ehemann ging erst einmal telefonieren.

So unterschiedlich Ehepaare ihren Hochzeitstag verbringen, so verschieden werden auch die besonderen Jubeltage unter diesen gefeiert. Silberne oder Goldene Hochzeit feiern manche Paare ganz privat, andere als Familienfest, manche erneuern ihr Eheversprechen in einem Gottesdienst. Sie zeigen, ein Versprechen hat gehalten. Jahrelang, jahrzehntelang, ein Leben lang, in guten und schlechten Tagen, wie man es ganz am Anfang versprochen hat. Dasselbe gilt für Priester- und Ordensjubiläen. Eine goldene oder diamantene Hochzeit ist das schönste Argument für die Institution Ehe, ein goldenes oder diamantenes Priesterjubiläum für das Priesteramt.

Uns Deutschen sagte man früher einmal nach, wir seien zur Treue bis in den Tod begabt. Bis diese Treue dann tausendfach missbraucht wurde, und der, der sie einforderte, ein ganzes Volk in den Untergang führte.
„Wohin du gehst, dahin gehe auch ich. Und wo du bleibst, da bleibe auch ich. Dein Volk ist mein Volk und dein Gott ist mein Gott. Wo du stirbst, da sterbe auch ich, da will ich begraben sein. Nur der Tod wird mich von dir scheiden."
Diese Worte sprach keine Deutsche. Sondern eine junge Ausländerin. Eine Ausländerin in Israel. Und sie wird sogar im Stammbaum Jesu genannt. Dieses anrührende Treueversprechen stammt von der Moabiterin Ruth. Es ist auch gar kein Eheversprechen. „Wohin du gehst, dahin gehe auch ich" sagt sie vielmehr zu ihrer Schwiegermutter, nachdem diese ihren Mann und ihre beiden Söhne verloren hat. Und diese Treue wird beiden Frauen einmal Glück bringen, nicht Untergang.

Bei einem Treueversprechen, so erklärt uns die Bibel, ist einer mit im Bunde der uns hilft, diese Treue in guten und bösen, in glücklichen und in sorgenvollen Tagen, zu halten. „Zeige mir Herr, deine Wege und führe mich in deiner Treue" heißt es in einem Psalm. Treue gehört zu Gott. Er hilft uns treu zu sein, indem er uns führt. Ein Verdienst ist Treue also eigentlich nicht. Sondern eher etwas, was uns geschenkt wird und was wir aus eigener Kraft gar nicht leben könnten. In jedem Fall aber ist die Treue über viele Jahre Grund genug zu feiern oder einen schönen Blumenstrauß zu schenken. Wir müssen ihn ja nicht unbedingt im Kollegenkreis überreichen, wenn das Datum einmal vergessen wurde.

2.6 Regenbogen – Zeichen für kommende Generationen

Zeichen des Bundes, zwischen mir und euch für alle kommenden Generationen (Genesis 9,12)

Am liebsten arbeite ich in Räumen, wo man den Himmel sieht. Und wenn ich die Wahl habe, dann setze ich mich in einem Raum auch dorthin, wo man aus dem Fenster schauen kann. Auf den Himmel zu schauen ist immer schön, egal bei welchem Wetter.
Vor kurzem erzählte ein Priester bei einem Schulgottesdienst: „Heute morgen, da habe ich aus meinem Fenster geguckt und ein wunderschönes Morgenrot gesehen. Und zwar im Westen! Das war für mich ein Zeichen, ein ermutigendes Zeichen." Es war ganz still, als er das erzählte. Vielleicht, weil seine Worte so persönlich waren. Vielleicht, weil auch junge Menschen den Himmel mit seinen Erscheinungen aufmerksam beobachten. Es ist ja auch ein faszinierendes Spiel von Farben und Formen, das sich da Tag für Tag vor unsern Augen entfaltet. Manch einer deutet sogar aus den Himmelszeichen Anzeichen für die Zukunft: Abendrot bäckt Brot. Morgenrot mit Regen droht.
Aber auch wenn man nicht an diese Wetterorakel glaubt, so zeigen sie doch, dass Menschen sich wünschen, der Himmel würde ihnen ein Zeichen geben. Ob es der besonders grün gefärbte Himmel des Polarlichtes ist, ob die Mondfinsternis oder die Sternschnuppen am Sommerhimmel. Wir Menschen haben eine tiefe Sehnsucht danach, dass der Himmel zu uns spricht.

Eines der schönsten Himmelszeichen ist für mich der Regenbogen. Wie oft haben wir als Kinder die Hälse gereckt, wenn jemand von den Eltern rief: Guckt mal da, ein Regenbogen. Auch heute noch suche ich, wenn irgend möglich, das Fenster, von dem man den Regenbogen am besten sehen kann. So flüchtig und unfassbar der Regenbogen, so sehr bleibt doch der Blick an ihm haften. Und kaum einer käme die Idee, ihn für ein Unheilszeichen zu halten, so bunt und schön wie er ist. Der Regenbogen ist **Sein** Zeichen. Gottes Zeichen. Im ersten Buch der Bibel heißt es: „Und Gott sprach: Das ist das Zeichen des Bundes, den ich stifte zwischen mir und euch ... für alle kommenden Generationen. Meinen Bogen setze ich in die Wolken, er soll das Bundeszeichen sein zwischen mir und der Erde." Der Regenbogen sagt uns also immer wieder neu, dass Gott zu uns hält. Dass wir seine Geschöpfe sind.
So mancher Regenbogen ist unvergesslich. So auch der Regenbogen, der bei dem Besuch von Papst Benedikt in Auschwitz-Birkenau aufschien, ausgerechnet in dem Moment, als er dort für die Opfer des Naziregimes betete und um Vergebung bat.

Natürlich kann man sagen, dass war reiner Zufall. Aber die, die dabei waren, erlebten es anders. Ob es das Morgenrot im Westen ist oder ein Regenbogen in einem solch historischen Moment, es lohnt sich wohl nicht darüber zu streiten, ob es nur eine Frage von Luftmolekülen, Wasserdampf und Staubpartikeln ist oder mehr. Der Blick in den Himmel ist eben immer eine Frage des Standpunkts. Aber mir leuchtet es ein, dass der Herr über Himmel und Erde sich gerade den Regenbogen als **Sein** Zeichen gewählt hat.

Der Regenbogen ist ein beliebtes Zeichen überall dort, wo Kinder sind. In Kindergärten gibt's die Regenbogen-Gruppe, in Grundschulen wird er an Wände oder Türen gemalt, und es gibt Campingplätze und Busunternehmen, die den Regenbogen in ihrem Namen führen. Kein Wunder, denn die ersten, die sich so richtig über einen Regenbogen freuen können, sind ja meist die Kinder. Und ihn zu malen macht Spaß, weil man einfach alle Farben die man hat einmal ausprobieren kann.
Kinder spielen in den Aktivitäten der großen Hilfswerke eine wichtige Rolle. „Menschenwürdig leben. Kindern Zukunft geben!" heißt es beispielsweise bei Misereor.
Ein schönes und sinnvolles Leitwort. Denn wo man die Lebensbedingungen von Kindern verbessert, schenkt man ihrem Leben Zukunft. Eines der Projekte von Misereor ist ein Heim für Mädchen in Kenia, die auf den Straßen der Hauptstadt, in Nairobi leben, weil sie von zuhause weggelaufen sind. Oder weil ihre Familien zu arm sind, um sie zu ernähren. Oder weil sie gar keine Familie mehr haben. Mädchen haben unter den Straßenkindern meist wenig zu melden. Wenn es mit der Unterstützung von Misereor gelingt, diese Mädchen von der Straße zu holen, ihnen Unterkunft und Unterstützung von Sozialarbeitern zu geben, dann ist das ein Weg, ihnen Zukunft zu schenken. Jeden Tag genug zu essen, saubere Kleidung und sogar ein eigenes Bett. Und vielleicht das wichtigste: Jede dieser Gruppen von Kindern hat eine eigene „Mutter", die sich um sie kümmert.

Kinder sind unser aller Zukunft. Ob wir eigene Kinder haben oder nicht. Kindern eine Zukunft geben, bedeutet, uns allen eine Zukunft geben. Auf den bunten Segens-Bändchen von Misereor findet sich ein Segensspruch als Aufdruck:
„Der Herr segne dich. Er erfülle deine Füße mit Tanz, dein Herz mit Zärtlichkeit, deine Augen mit Lächeln, deine Ohren mit Musik, deine Seele mit Frieden."
Was könnten wir Kindern besseres wünschen? Lebensfreude, Zärtlichkeit, Fröhlichkeit, Frieden und zuerst und vor allem Gottes Segen. Diese Bändchen leuchten bunt in den Farben des Regenbogens, den Farben also, die uns immer wieder daran erinnern, dass Gott mit uns im Bunde ist. Mit uns und mit allen kommenden Generationen.

Regenbogen Ronco sopra Ancona

2.7 Familie braucht den Segen

Wer den Vater ehrt, erlangt Verzeihung der Sünden, und wer seine Mutter achtet, gleicht einem Menschen, der Schätze sammelt. (Jesus Sirach 3,2-4)

Zwischen den beiden Hochfesten Weihnachten und Epiphanie feiert die Kirche das Fest der Heiligen Familie. Damit wird deutlich, dass es in den Weihnachtsfestkreis hineingehört, obwohl es als „Ideen-Fest" erst in der Barockzeit entstanden ist. Als Fest für die ganze Kirche wurde es nicht zufällig nach dem ersten Weltkrieg, im Jahr 1921, eingeführt. Man erhoffte sich dadurch eine Stärkung der Familie, die in den Wirren des Krieges für zahllose Menschen schon längst keine heile Welt mehr war. Trennung und Tod hatten Familien auseinandergerissen, sie wurden gewaltsam getrennt oder man hatte sich auseinander gelebt. So geht es auch bei diesem Fest nicht um eine verklärte Sicht von Familie, sondern um das, was die Familie, unsere Familien bedroht und was sie stärken kann.
Das Fest der Heiligen Familie ist heute eher wenigen bekannt und es passt auch nicht zu den schroffen Worten, mit denen Jesus manchmal schockiert, wenn er auf das Thema Eltern und Verwandtschaft kommt. Was er da sagt, steht scheinbar im Widerspruch zu unserem Bild von intakter und solidarischer Familie.

Von seinen Jüngern verlangt Jesus unbedingte Nachfolge und das heißt zunächst einmal, die Familie verlassen. Nicht das Begräbnis des eigenen Vaters organisieren, sondern ohne Blick zurück mit ihm gehen, das fordert Jesus (Mt 8,22). Nicht zurück blicken, sondern die Aufgaben erfüllen, die er seinen Freunden aufträgt (Lk 9,62). Vater und Mutter nennt er die, die seinen Willen tun (Mt 12,50). Und als seine Eltern ihn bei der Wallfahrt nach Jerusalem auf dem Rückweg vermissen und erst im Tempel wiederfinden, entschuldigt er sich mit keiner Silbe für die Sorge, die sie sich um ihn gemacht haben (Lk 2,49). Jesus kennt also Forderungen, die wichtiger sind als Familienbeziehungen. Nachfolge geht vor Familientradition, vor Weitergabe des Namens und all dem, was Eltern sich von Kindern so erhoffen. Menschen, die sich für ein Leben als Priester oder Ordensmensch entschieden haben, wissen, was das auch heute noch heißt. Aber zugleich stellt Jesus seinen Zuhörern den barmherzigen Vater als Vorbild vor Augen. Lässt Kinder zu sich kommen und verhindert, dass man sie wegschickt. Und sorgt sich am Kreuz noch darum, dass Johannes sich um seine Mutter kümmert. Familie ist wertvoll, ist wichtig. Auch wenn sie nicht letzter Lebensinhalt ist, denn das kann sie ja auch gar nicht sein. Gott und das Leben für Gott steht über der Familie.

Für unser Kalenderjahr steht am Jahresende Silvester im Vordergrund, man kauft vielleicht Feuerwerk und bereitet einen Abend mit Freunden vor. Waren die Tage an Weihnachten meist der Familie vorbehalten, so sucht man sich an Silvester gern Freunde und Bekannte aus, mit denen man feiern möchte.

Ein Familienkritiker wie der Dichter Kurt Tucholsky würde das sicher darauf zurückführen, dass man von der Familie erst einmal genug hat. Er dichtete in der Zeit der Weimarer Republik und damals hatte die Familie in der Gesellschaft noch einen ganz anderen Stellenwert. So klingen Tucholskys Worte zwar heute noch kritisch, aber sicher wirkten sie zu seiner Zeit wesentlich schärfer. Sie zeigen uns, dass es die heile, unproblematische Familie auch vor 100 Jahren nicht gab. Tucholsky schreibt mit der für ihn typischen Ironie:

Als Gott am sechsten Schöpfungstage alles ansah, was er gemacht hatte, war zwar alles gut, aber dafür war auch die Familie noch nicht da. ...Die Familie (familia domestica communis, die gemeine Hausfamilie) kommt in Mitteleuropa wild vor und verharrt gewöhnlich in diesem Zustande. Sie besteht aus einer Ansammlung vieler Menschen verschiedenen Geschlechts, die ihre Hauptaufgabe darin erblicken, ihre Nasen in deine Angelegenheiten zu stecken. Wenn die Familie größeren Umfang erreicht hat, nennt man sie ›Verwandtschaft‹ . .. Andere wilde Indianerstämme leben entweder auf den Kriegsfüßen oder rauchen eine Friedenszigarre: die Familie kann gleichzeitig beides....
Zu Geburtstagen empfiehlt es sich, der Familie etwas zu schenken. Viel Zweck hat das übrigens nicht; sie tauscht regelmäßig alles wieder um.

Tucholskys Kritik trifft auch heute noch. Aber er macht doch eine ganz wesentliche Aussage über die Familie: Die Familie kann gleichzeitig beides: miteinander auf Kriegsfuß sein und eine Friedenszigarre rauchen. Das ist viel mehr als nur ein satirisches Bild, es ist eine Aussage über den unendlich großen Wert der Familie. Wir kennen unsere Fehler und Schwächen, wir ärgern uns über die Angewohnheiten, Eigenschaften und das Verhalten in der Familie. Wir sind verletzt oder beleidigt, wenn wir uns zurückgesetzt oder ungerecht behandelt fühlen. Und dennoch, darin liegt eben die Stärke der Familie, kann sie weiterbestehen, kann zusammenhalten, Halt geben. Eben weil man nach einer Auseinandersetzung wieder die Friedenspfeife miteinander raucht, weil man vergibt. Vorausgesetzt, dass beide Seiten zur Versöhnung bereit sind. Manchmal gelingt Versöhnung eben nicht und dann muss man trotzdem weitermachen, muss ohne den weiterleben, der doch eigentlich zu einem gehörte.

Kaum jemand prägt uns so sehr, wie die Menschen, die uns erziehen. Kaum jemand kann uns so verletzen oder so viel für's Leben mitgeben. Und wir können unsere Eltern nicht umtauschen und Eltern nicht ihre Kinder. Das geht eben nur bei den Weihnachtsgeschenken.

Genau hier kommen die Worte aus dem Buch Jesus Sirach ins Spiel. Der Lehrer in Jerusalem aus dem Jahr 180 v. Christus greift ein Gebot auf, das jeder kennt: Du sollst Vater und Mutter ehren. Oft wurde dieses Gebot so ausgelegt, als würde hier Kindern der Gehorsam gegenüber Vater und Mutter eingeschärft. Aber darum geht es Jesus Sirach gar nicht. Er wendet sich vielmehr an Erwachsene und fordert von ihnen, sich um ihre alten Eltern zu kümmern. In einer Zeit ohne Rente und Altersheime eine Aufgabe für die erwachsenen Kinder: Nahrung, Kleidung, Fürsorge im Krankheitsfall, dafür musste die Verwandtschaft sorgen. Heute ist die Herausforderung eine andere. Wie viele alte Menschen gibt es, die keine Kinder haben. Wie viele leben weit weg von ihren Angehörigen. Wie viele leben in Altenheimen und bekommen fast nie Besuch. Vater und Mutter ehren, das hat mit Achtung zu tun. Ich achte und ehre, was kostbar ist.

Das Schönste und Kostbarste, was man in der Familie weitergeben kann, ist der Segen. Er ist kostbarer als jede Erbschaft. Unvergänglich. Kinder und Enkel brauchen diesen Segen der Eltern und Großeltern. Sie brauchen ihr Gebet. Der greise Simeon segnet die Eltern Jesu im

Tempel. Von solchem Segen lebt die Liebe der Generationen und das Bewusstsein, was es heißt, Teil einer Familie zu sein, geliebtes Kind und Enkelkind. Die Geschichte „Neshumele – Der Segen meines Großvaters“ von Rachel Naomi Remen erzählt das auf anrührende Weise. Von solchem Segen lebt die Weitergabe des Glaubens.

Heilige Familie, St. Emmeram, Regensburg

2.8 Reisesegen: Ohne Gewicht – aber gewichtig

Ich werde einen Engel schicken, der dir vorausgeht. Er soll dich auf dem Weg schützen und dich an den Ort bringen, den ich bestimmt habe. (Exodus 23,20)

Mancher bereitet sich tagelang auf eine Reise vor. Ich kenne Menschen, die können stundenlang über einer Landkarte brüten. Da wird eine Route geplant, generalstabsmäßig. Mit Tagesetappen, Kilometerberechnungen, lohnenden Ausflugszielen am Rande und was ihnen die Karte sonst noch alles verrät. Eine tolle Sache, wie da aus einem Stück Papier eine ganze Landschaft vor dem inneren Auge des Kartenlesers entsteht. Ich selbst bin eher der „Ich-fahr-nach-Gefühl"-Typ. Manchmal klappt das mit dem Gefühl nicht so optimal, und da kommt ein Navi gerade recht. Aber am liebsten lasse ich mir von so einem erfahrenen Kartenleser vorher den Weg erklären. Dann habe ich eben doch den Eindruck, ich könnte „nach Gefühl" fahren, und das ist entspannend. Weil ich darauf vertraue, dass ich schon richtig geschickt werde und, wenn ich den Tipps folge, auch bestimmt gut ankomme.

Nicht jeder, der eine Reise antritt, kann sich auf all das was ihn erwartet vorbereiten. Bei Abraham damals im Lande Ur in Chaldäa war das nun völlig anders. „Zieh weg aus deinem Land, von deiner Verwandtschaft und aus deinem Vaterhaus, in das Land das ich dir zeigen werde", mit diesen Worten fordert Gott Abraham auf, seine Heimat, den Süden des heutigen Irak, zu verlassen. Keine Marschroute und kein Ziel verrät er ihm. Er fordert von Abraham einen Aufbruch ins Unbekannte. Ganz schön viel verlangt.

Aber auch wenn Gott Abraham keine Landkarte mit eingezeichneter Wegstrecke gibt, so schenkt er ihm doch etwas Entscheidendes. Ein Gepäckstück das nichts wiegt, nichts kostet und überall Platz hat. Er gibt Abraham *seinen Segen* mit auf den Weg. „Ich werde dich segnen und die segnen, die dich segnen."

Wenn ich mir so überlege, was man für eine Reise manchmal alles einpackt und mitschleppt! Manches bringen wir ja sogar unausgepackt wieder mit nachhause. Es stimmt doch: Was könnten wir unseren Lieben besseres auf eine Reise mitgeben und für ihre Reise wünschen als Gottes Segen. Es ist gar nicht schwer. „Gott segne dich, mein Kind", sagen Großmütter manchmal. Und es geht ihnen ganz leicht über die Lippen. So leicht und doch so gewichtig, wie dieser Segen dann auch als Reisegepäck ist.

2.9 Zitronen als Weggefährten

Zum Haus des Herrn wollen wir pilgern. (Psalm 122,1)

Über Wallfahrten kann man unterschiedlicher Meinung sein. Aber das Wort „wallen“ kommt einfach von „wandern“. Und jeder, der schon mal gewandert ist, weiß, dass zu den wesentlichen Dingen bei einer Wanderung die gute Gemeinschaft gehört. Wer eine längere Wanderung macht, der lernt seine Begleitung ziemlich gut kennen. Da stellt sich unterwegs heraus, auf wen man sich verlassen kann und auf wen nicht, wer auch mal ein paar Kilometer Rückstand in kauf nimmt oder wer unbedingt einen sportlichen Rekord nachweisen möchte. Mit anderen Worten: Wer einen Weg zusammen geht, erfährt, wer der andere ist. Von wem man sich besser bald trennt und mit wem man getrost einen Weg bis zum Ziel gehen kann.

Bei den jüdischen Pilgern noch zur Zeit Jesu waren die Männer dreimal im Jahr zur Wallfahrt nach Jerusalem verpflichtet. Es heißt, sie mussten dabei eine Zitrone, einen Palmzweig, ein Bündel Myrrhe und einen Weidenzweig mit sich tragen.[1] Die Erklärung für diesen Brauch hat mich verblüfft, durch ihre unverblümte Ehrlichkeit. Denn diese Gegenstände, sagte man, seien ein Sinnbild für die Menschen und ihre Werke. Einige riechen und schmecken gut, wie die Zitrone. Einige riechen gut, aber schmecken nicht, wie die Myrrhe. Einige schmecken, aber duften nicht, wie die Palmen, und einige sind weder für das eine noch für das andere gut.

Ich glaube, jeder hat schon mal erlebt, wovon da die Rede ist. Da gibt es die Weggefährten, die belesen oder klug oder fromm sind, aber wenn es mal brenzlig wird nicht zu gebrauchen. Und da gibt es die, die weder angenehme Reisegefährten noch nützliche Helfer sind. Aber es gibt eben auch die, die beides erfüllen. Sie haben Verstand und Herz und sind noch dazu Helfer wenn's drauf ankommt.
Vielleicht würden wir in unseren Breiten sie nicht gerade mit „Zitronen“ vergleichen, eher mit einem gut duftenden wohlschmeckenden Apfel. Aber darum geht's ja auch nicht. *Einen* Begleiter haben wir in jedem Fall an unserer Seite. Und er ermutigt uns, selbst gute und zuverlässige Weggefährten zu sein:

„Selig, wem Christus auf dem Weg begegnet, um ihn zu rufen…
seine Brüder spüren Christi Liebe in seiner Nähe.“ (Gotteslob 275)

[1] Vgl. Franziskanermission 1 (2011), S. 13.

2.10 Sei doch nicht so heilig

Seid heilig, denn ich bin heilig. (1. Petrusbrief 1,16)

Das Fest Allerheiligen hat heute Erklärungsbedarf, nicht nur, weil man es in manchen Gegenden gar nicht mehr kennt. Es ist ein Fest zu Ehren all der Menschen, die heilig waren und lebten, ohne dass irgendjemand sie offiziell heiliggesprochen hat. Sie sind so etwas wie die anonymen Heiligen, ohne Gedenktag im Kalender. Aber weil es sie gab und gibt, deshalb gibt es Allerheiligen. Allerdings ist das Fest heute ein bisschen verwirrend, es ist eine Art Potpourri -Fest geworden. Die einen gehen zum Friedhof und zünden bereits am Vortag von Allerseelen Kerzen für ihre Verstorbenen an oder schmücken die Gräber. Die andern müssen an Allerheiligen erst mal ausschlafen, weil die Halloween-Feier doch etwas länger gedauert hat. Überall stehen schon seit Wochen Kürbisse in unseren Schaufenstern und was man sonst noch an Gespensterzubehör für Halloween braucht. So mancher ärgert sich, schimpft auf den heidnischen Kommerz. Viele junge Leute zucken die Schultern und feiern trotzdem.

Dabei heißt Halloween eigentlich „All-Hallows-Eve", also der Abend vor Allerheiligen. Und die ausgehöhlten Kürbisse waren einmal nichts anderes als Rüben-Windlichter, in denen man Kerzen zu Ehren der Verstorbenen aufstellte. Aus den Rüben wurden dann in Nordamerika Kürbisse, die sind größer und lassen sich so noch besser für diesen Zweck verwenden. Auch der Brauch, an diesem Abend von Tür zu Tür zu ziehen und „trick-or-treat", „Süßes oder Saures" zu verlangen, hing mit den Verstorbenen zusammen. Arme Leute gingen einst in Irland und Britannien von Haus zu Haus, erbaten sich etwas Essbares, um als Gegenleistung am darauffolgenden Tag für die Verstorbenen der Spender zu beten.

Die Chancen stehen gar nicht so schlecht, dass unter unseren eigenen Verstorbenen auch ein Heiliger war. Jedenfalls hätte das der Mann behauptet, der das Wort „Heilige" zum ersten Mal in unserem Sinn verwendet hat: Paulus. Für ihn waren die Heiligen nichts anderes als Menschen, die an Jesus Christus glauben, die durch Taufe und ein Leben in seinem Sinn mit ihm verbunden sind. Also eigentlich alle Christen, die ihr Christsein auch leben.
Manchmal bekommt man, mal scherzhaft, mal verärgert, in geselliger Runde zu hören: „Sei doch nicht so heilig!" Gemeint ist: „Sei doch kein Spielverderber" oder: „Das eine Glas kannst Du auch noch trinken", oder ähnliches. Paulus würde uns zu Allerheiligen das Gegenteil raten: Sei doch ein bisschen heiliger. Du gehörst doch zu Jesus Christus. Ich bin mir ziemlich sicher: Zu einem Heiligen in seinem Sinn gehören auch Gastfreundschaft und Humor. Ärgern sie sich also nicht, wenn Kinder an Halloween an ihrer Tür klingeln. Seien Sie mutig und wenn die Halloween-Freunde ihnen eine Minute Zeit lassen, fragen sie einfach nach, ob sie denn wüssten, wem zu Ehren man das Fest Allerheiligen feiert. Das sei schließlich die andere Hälfte von Halloween.

Es gibt heute nicht wenige Leute, die mit den Heiligen gar nichts anfangen können. Sie verbinden mit „heilig" alles Mögliche, bloß nichts, was anziehend, sympathisch oder interessant wäre. Sondern den Staub der Jahrhunderte, blasse und ernste Gesichter. Kurz

gesagt, ihnen fallen zum Stichwort „Heilige“ nur Menschen ein, die weder Spaß am eigenen Leben haben, noch Spaß verstehen. Wer so denkt, den würde ich gern mal an einen Ort schicken, wo er oder sie sich vom Gegenteil überzeugen kann. Beispielsweise in ein Zisterzienserkloster bei Wien.
So mancher kennt es durch den berühmt gewordenen gregorianischen Gesang dieser Zisterzienser-Mönche. Sie haben es damit sogar in die Charts geschafft. Über 90 Mönche leben dort und jede Menge junge Männer aus unterschiedlichsten Ländern sind darunter. Hört man ihren Gesang, dann klingt es tatsächlich nach Himmel. Ergreifend schön. Ernst und feierlich. Er lässt uns die Zeit vergessen. Kein Wunder, dass die Besucherströme immer mehr werden.

Wer eine solche Gruppe von Mönchen aber einmal außerhalb der Gottesdienste erlebt, der sieht nicht nur kluge, ernste und ausdrucksstarke Gesichter. Sondern auch lachende und frohe. Ob sie im Sturmschritt mit flatterndem schwarz-weißen Ordensgewand durch das Klostergelände eilen, als „lebendigen Zebrastreifen“, wie man sie scherzhaft nennt. Ob sie ausgelassen und vergnügt aus einem Auto steigen oder am Festtag zusammen mit ihrem Abt auch einmal ein Bierchen trinken: Keine Spur von Langeweile und Lustlosigkeit. Im Gegenteil. Lebensfroh und lebendig wirken sie. Sie arbeiten viel, erklärt ihr (Alt-)Abt glaubhaft. Und scheinen neben allem Bemühen um Heiligkeit doch ganz von dieser Welt. So entwaffnend, wie dieser väterlich lebenskluge Abt über seine eigenen Schwächen schreibt, so humorvoll erklärt er auch, dass er gerade deshalb im Kloster gelandet ist, weil er nie ein guter Beter gewesen sei.

Genau das macht mir diesen Abt und diese Mönche so sympathisch. Sie stehen zu ihren menschlichen Schwächen. Aber sie lassen es nicht dabei bewenden. Sondern versuchen, Gottes Ruf zu folgen. Und der ruft uns alle zu einem Leben, das mehr möchte als laue Halbherzigkeit. Ob Mönch oder Familienmensch, wir sind berufen, heilig zu sein, weil Jesus Christus, der uns ruft, uns als seine Mitstreiter und Freunde gewinnen möchte. Allerheiligen ist ein Fest, das die unbekannten Heiligen vergangener Zeiten feiert. Aber noch viel mehr ist es ein Fest, das unseren Blick auf das lenkt, was vor uns liegt: unsere eigene Zukunft. Trau Dich, ein bisschen heiliger sein zu wollen, sagt uns das Fest Allerheiligen. Denn auf diesem Weg gehst Du Gott entgegen.

2.11 Ein Vater-Sohn-Gespräch

Macht alle Menschen zu meinen Jüngern; tauft sie auf den Namen des Vaters und des Sohnes und des Heiligen Geistes (Matthäus 28,19)

Vor wenigen Wochen war ich Gast bei einer Erstkommunionfeier. Ein froher und frühlingshafter Tag, die ganze Familie versammelt in der hübschen kleinen Kirche St. Martin vor den Toren von Mainz. In der Bank hinter mir saß ein Vater mit seinen Söhnen. Auch sie waren pünktlich erschienen. Und einer der Jungen nutzte offenbar die Zeit, um sich die Kirche gründlich anzusehen.

„Papa, guck mal da vorne in der Mitte. Da sieht man noch das Blut an den Füßen", sagt der Junge plötzlich. Unwillkürlich schaue ich selbst genau hin. Tatsächlich erkennt man am geschnitzten Hochaltar sehr deutlich die Wundmale des gekreuzigten Christus. Und der Junge fragt weiter: „Papa, warum haben die den Jesus damals eigentlich getötet?" Und statt die Frage abzuwimmeln oder seinen Sohn zur Ruhe zu mahnen, antwortet der Vater klar und kenntnisreich. Eine geflüsterte Glaubensunterweisung. Und der Junge versteht und schweigt nachdenklich. Kurz darauf beginnt mit dem festlichen Einzug des Bläserkreises der schöne Gottesdienst.
Noch im Hinausgehen unterhalten sich die Festgäste darüber, warum über dem Kreuz das lateinische Wort „consummatum est" in goldenen Buchstaben steht: „Es ist vollbracht", eines der sieben Worte Jesu am Kreuz. Und der eine oder andere tauschte sich über Lateinkenntnis aus der Schulzeit aus.
Jeder Kirchenraum enthält so eine Fülle von Botschaften an uns. Manchmal fehlt uns nur die Neugier der Kinder, auch nach ihnen zu fragen. Ich finde es bezeichnend, dass Kinder nicht fragen: Wie alt ist das? Welcher Künstler hat das gemacht? Sie stellen die entscheidenden Fragen. Sie wollen wissen: Warum?

Das Vater-Sohn-Gespräch hat mich berührt. Nicht nur, weil dieser Vater sich so gut auskannte. Nicht nur, weil es schön ist, echtes Interesse zu spüren. Sondern auch, weil es mir vor Augen führte, wie hier der Auftrag Jesu erfüllt wurde. Glaube heißt auch, Rede und Antwort zu stehen, wenn man gefragt wird. Nur dann bleiben unsere Traditionen lebendig. Nur dann ist eine Erstkommunionfeier mehr als ein Familienfest. Nur wenn wir verstehen, was wir da singen und beten, können wir auch unser „Amen" ehrlich dazu sagen.

Ein Mainzer Priester und Theologe hat einmal geschrieben: „Der Dreifaltigkeitssonntag ist so etwas wie das ›Amen‹ nach Ostern und Pfingsten". Am Sonntag nach Pfingsten feiert die Kirche die Dreifaltigkeit. Aber könnte ich einem Kind mit wenigen Sätzen erklären, was Dreifaltigkeit bedeutet? Da bin ich mir ehrlich gesagt nicht so sicher. Vielleicht weil ich es selbst noch zu wenig verstanden habe? Dabei sind wir doch heute von anderen Glaubensrichtungen herausgefordert. Gerade auf den Vorwurf, wir glaubten nicht an einen Gott, sondern an drei, müssten wir doch eine Antwort geben können. Den evangelischen Reformatoren war das Thema immerhin so wichtig, dass sie alle folgenden Sonntage im Kirchenjahr danach benannt haben: Sonntage nach Trinitatis, also nach dem Sonntag Dreifaltigkeit. Was aber heißt Dreifaltigkeit?

Die Bibel erklärt uns: Gott ist die Liebe. Und Liebe gibt's nicht allein. Sondern Liebe verschenkt sich. Und wo zwei ihre Liebe ausschließlich auf sich beschränken, stimmt mit dieser Liebe irgendetwas nicht. Liebe ist in sich selbstlos und offen für den anderen. Offen für Kinder, offen für Geschwister, offen für Freunde, offen für den Dritten im Bunde. Liebe die sich abkapselt und sich selbst genug ist, ist keine. Und wer aus Liebe zu Gott ehelos lebt, liebt auch die, zu denen er geschickt wird. Wer sich für zu gut hält für die anderen, liebt nicht, sondern verehrt nur sich selbst. Wem die eigene Heiligkeit wichtiger scheint, als die unheiligen Anderen, der kann von Jesus noch viel lernen.

Gott ist die Liebe, das heißt auch, dass Gott selbst Beziehung ist. Vater, Sohn und Heiliger Geist, das sind nicht drei Götter, sondern es ist Ausdruck der Lebendigkeit Gottes selbst.
Doch bei all diesen Erklärungsversuchen spüre ich, dass sie nicht genügen, Dreifaltigkeit bleibt Geheimnis. Kein Wunder, hat doch schon der heilige Augustinus zu hören bekommen, dass er sich nicht einbilden solle, das Geheimnis des dreifaltigen Gottes ergründen zu können. Am schönsten erklären es in meinen Augen eben doch die Dichter. In Hymnen und Kirchenliedern finden sie wunderbare Strophen für das Geheimnis des dreifaltigen und dreieinen Gottes. So schön singen und sagen sie es, dass ich dazu gern das „Amen“ sage:
„Erhabene Dreifaltigkeit, im einen Licht der Gottheit eins, unendliches Geheimnis du und tiefster Ursprung allen Seins. Was alle Einsicht übersteigt, bekennt der Glaube ehrfurchtsvoll: Drei sind in tiefer Liebe eins – in einer Gottheit leben drei.“[2]

Kreuzigungsgruppe Obere Kapelle, Schloss Tirol

[2] Nach Adesto, sancta Trinitas, vor 900 nChr

3. Den richtigen Ton treffen

3.1. Botschaft mit Tiefgang

Sie waren sehr betroffen von seiner Lehre, denn er redete mit (göttlicher) Vollmacht. (Lukas 4,32)

Wenn eine Arbeitswoche so richtig vollgepackt und anstrengend ist, dann heißt es manchmal unter Kollegen: „Also, heute Abend, da setz ich mich einfach nur vor die Glotze.“ Beine hoch legen, ausspannen, sich unterhalten lassen. Gerade wenn's draußen kalt wird, klingt das ganz gemütlich. Auch wenn man das Programm heute sehr viel mehr selbst bestimmt. Aber nicht nur das hat sich mit den Jahren geändert. Als es nur eine Handvoll Fernsehsender gab, fiel die Auswahl leichter. Und leergefegte Straßen bei denen halb Deutschland dasselbe guckt, das gibt es heute ja nur noch bei der Fußball-WM.

Dabei ist es doch eigentlich viel unterhaltsamer, wenn nicht jeder seinen eigenen Fernsehkanal einschaltet. Dann kann man sich gemeinsam aufregen, miteinander auf das Ende gespannt sein und sich hinterher lang und breit darüber auslassen, wie man das nun fand, was man da geschaut hat. Manchmal gibt's das ja noch. Sendungen, über die ich mich am Tag danach mit Freunden austausche oder auf die man in der Zeitung richtig neugierig gemacht wird. Herrlich: der eine Kritiker schreibt eine Lobrede, der andere einen Verriss, und schließlich will ich es wirklich selbst wissen. Und habe prompt bei der nächsten gemütlichen Runde hinreichend Gesprächsstoff, sogar generationsübergreifend. Dann verbindet Fernsehen auf einmal die unterschiedlichsten Menschen und bringt sie dazu, sich über einen Film, ein Thema, über bestimmte Personen und deren Meinungen auszutauschen.

„Unsere Angebote müssen Tiefgang haben, damit eben jeder etwas darin für sich finden kann“, sagte vor einiger Zeit ein Bekannter bei einer Debatte über eine Milieu-Studie. Er ist gar kein Medienmensch, sondern ein engagierter Priester. Und er sprach auch nicht vom Fernsehprogramm, sondern von der Art, wie Gottesdienste heute sein müssten, damit sie die Menschen ansprechen.

Recht hat er, finde ich. Eine Tiefe, die alle anspricht. Jesus hat das genauso gemacht. Er hat vor Zöllnern und Pharisäern, vor Handwerkern und Schriftgelehrten genauso gesprochen. Er sprach ihre Sprache. Aber er redete ihnen nicht nach dem Mund. Und seine Zeitgenossen erkannten: Da redet einer in Vollmacht. Ohne dem Volk das zu erzählen, was es vermeintlich hören will. Sondern eine Botschaft mit Tiefgang, von der alle etwas haben. Auch wenn sie Widerspruch herausfordert.

Genau das wünsche ich mir vom unterhaltsamen Medium Fernsehen. Dann kann man ganz entspannt dasitzen und hat hinterher trotzdem nicht das Gefühl, seine Zeit vergeudet zu haben. Genau wie nach einer richtig guten Predigt.

3.2 Gerechter als ein Krimi

Sara leugnete: Ich habe nicht gelacht. Sie hatte nämlich Angst. (Genesis 18,5)

Freitagabend ist Krimiabend. Bestimmt gibt es gescheite Analysen darüber, warum wir am Ende der Arbeitswoche so gern Krimis schauen. Es ist entspannend, es lenkt vom Alltag ab, und irgendwie sind ja auch die Bösen viel unterhaltsamer als die Guten. Das ist nicht nur in Filmen und in Büchern so. Sondern das erlebe ich auch im Alltag. Menschen, die selbstlos und gut, aufopferungsvoll und demütig sind, werden nicht immer so geschätzt, wie sie es verdient hätten. Aber einer der richtig fies sein kann, der seine Kollegen oder Schüler erzittern lässt, der verschafft sich Respekt. „Der Ehrliche ist der Dumme" schrieb einmal Ulrich Wickert. „Du musst ein Schwein sein in dieser Welt" sangen die Prinzen.
Gute Menschen, so scheint unsere Erfahrung zu bestätigen, werden oft nicht ernst genommen. Was sie zu sagen haben, findet kein Gehör. Sie stehen im Hintergrund, man lacht darüber, dass sie sich scheinbar so leicht übers Ohr hauen lassen oder belächelt ihre vermeintliche Naivität.

Auch von Abrahams Frau Sara wird in der Bibel erzählt, dass sie in sich hineinlachte und glaubte, es mit ihrer Lebenserfahrung besser zu wissen als Gott. Sie lachte, weil ihr die Botschaft, sie könne nach all den Jahren vergeblichen Wartens doch noch ein Kind bekommen, naiv vorkam. Saras Lachen ist menschlich, allzu menschlich. Ein klein wenig überheblich, ein Hauch von „ich-weiß-es-besser-als-er" liegt darin.

Diese Erzählung führt uns vor Augen, dass die gute Nachricht Gottes manchmal ganz anders daherkommt, als wir es erwarten. Unerwartet, gegen jedes bessere Wissen, seltsam unberechenbar. Nicht laut und mit einem überzeugenden Paukenschlag, sondern mit leisen Tönen. So unerwartet wie eine lang ersehnte Schwangerschaft oder manch andere Lebenswende, die wir uns so lange schon wünschen und die dann doch ganz anders kommt als gedacht.

Gott zeigt uns mit dieser Geschichte auch, dass der Glaube eben nicht naiv ist. Die Guten sind eben nicht die Dummen, oder die Langweiler oder die Erfolglosen. Sondern die, die *ihm* vertrauen, bekommen letzten Endes recht, vor ihm nämlich. Die wir hier belächeln, werden uns vielleicht einmal bedauern. Weil wir die entscheidende Chance verpasst haben. Weil wir die Demütigen übersehen statt geehrt haben. Ich bin davon überzeugt: Gott ist gerecht. Gerechter als manches Krimi-Drehbuch.

3.3 Wiegenlieder

Er beschirmt dich mit seinen Flügeln, unter seinen Schwingen findest du Zuflucht. (Psalm 91,4)

Mütter erzählen gern von der Zeit, in der ihre Kinder klein waren, so auch meine Mutter. Wenn sie dann schildert, wie ungern ich geschlafen habe, was für eine ständig schreiende kleine Nervensäge ich war, dann tröste ich sie damit, dass es mir nicht anders ging. Ich kenne sie selbst nur zu gut, die abendlichen Stunden, in denen man todmüde versucht, ein Kind in den Schlaf zu wiegen, um selbst endlich einmal ein paar Stunden nachzuholen. Man vergisst das auch nach vielen Jahren nicht.

Kinder in den Schlaf zu wiegen, bis der Arm weh tut, Schlaflieder singen, bis man selbst darüber einschlummert, das kennen Mütter und Väter gleichermaßen. Eines unserer Kinder liebte die Wiegenlieder besonders. Solange gesungen wurde, verhielt sie sich friedlich. Aus unserem Singen wurde irgendwann ein müdes Summen, aber sobald das Summen dann auch verstummte, tauchte ihr Köpfchen wieder auf und verlangte nach weiterer Unterhaltung. Noch heute singt sie leidenschaftlich gern. Vielleicht haben die Wiegenlieder von damals dazu beigetragen? Sicher ist jedenfalls, glaubt man Psychologen und Kinderärzten, dass Wiegenlieder Geborgenheit, Liebe und eine Art Urvertrauen vermitteln. Was könnten wir unseren Kindern besseres mit auf den Weg geben?

Es gibt übrigens wunderschön gestaltete Bücher mit Wiegenliedern – und für eines dieser Bücher hat sogar unsere Bundeskanzlerin die Schirmherrschaft übernommen.

Das Weihnachtslied „Josef, lieber Josef mein, hilf mir wiegen mein Kindelein“ erzählt davon dass Maria die Sorge für den Schlaf ihres Sohnes gern mit Josef teilen möchte. Ich kann mir gut vorstellen, dass Josef seinen Teil dazu beigetragen hat. Und ich wünsche nicht nur allen Müttern, sondern auch Vätern, dass sie es einmal wagen, ihrem Kind ein Wiegenlied zu singen. Dazu muss man nicht besser singen können als bei der Nationalhymne, nur vielleicht nicht ganz in Stadionlautstärke.

Wiegenlieder vermitteln, was Psalm 91 im Nachtgebet der Kirche von Gott so tröstlich verheißt: „Er beschirmt dich mit seinen Flügeln, unter seinen Schwingen findest du Zuflucht, Schild und Schutz ist dir seine Treue.“ Genau das wünschen sich so viele Söhne und Töchter heute von ihrem Vater. Und es macht gar nichts, wenn Väter die Worte des Wiegenliedes der Fußball-Hymne ihres Favoriten entnehmen. Das Gefühl von Geborgenheit stellt sich trotzdem ein. Und irgendwann auch der Schlaf.

3.4 Singen, weil's Freude macht

Jauchzt vor dem Herrn, alle Länder der Erde, freut euch, jubelt und singt! Spielt dem Herrn auf der Harfe, auf der Harfe zu lautem Gesang! (Psalm 98,4-5)

In diesem Jahr bekam ich kurz nacheinander Karten für zwei ganz unterschiedliche Konzerte geschenkt. Bei dem einen gab es Mozarts Krönungsmesse. Chor und Orchester aus der Hauptstadt gastierten in einer bekannten Rheingauer Kirche. Es war wunderschön und die Musiker großartig. Nach dem gelungenen Auftritt kamen die Sänger und Musiker mit ihren kostbaren Instrumenten einer nach dem anderen aus der Kirche und stiegen in ihren Bus, der sie rasch ins Hotel und von dort zum nächsten Auftritt fahren sollte.
Ernst, etwas erschöpft, mancher lächelte einem Bekannten zu oder sprach noch ein paar Worte mit einem der Konzertgäste, aber dann verschwanden sie alle schnell in ihrem Bus. So herrlich die Musik, so hervorragend der Klang, für die Musiker war es harte Arbeit. Und die Anstrengung, vielleicht auch nur die Müdigkeit einer längeren Tournee, stand so manchem danach ins Gesicht geschrieben.

Das zweite Konzert fand in der bildhübschen kleinen Bergkirche St. Wigbert in Schornsheim statt. Sie fasste gar nicht all die Besucher, die kommen wollten und so mussten die Chöre gleich zweimal hintereinander auftreten. Es war eine tolle Sache. Die Nachwuchs-Sängerinnen machten den Anfang, dann sang der Männerchor aus vollem Herzen, besonders die gut ausgewählten Berg-Lieder sorgten für Stimmung. Ihnen folgte der Frauenchor mit einer gelungenen Mischung alter und neuer Lieder in unterschiedlichen Sprachen. Auch die Sängerinnen waren mit ganzer Seele dabei. Ihre leuchtend smaragdgrünen Accessoires blitzen genauso fröhlich auf wie ihre begeisterten Augen.

Den reichen Applaus hatten sich die Chormitglieder mehr als verdient. Danach gab's noch Sekt und einen Imbiss vor der Kirche, wir unterhielten uns prächtig und die Sänger waren in Bestlaune. Ihre Freude über das erfolgreich bewältigte Programm färbte auf die Besucher ab. Die fröhliche Runde, dazu ein Mondhimmel und die besondere Atmosphäre rund um St. Wigbert, das war unvergesslich.
Die Patronin der Kirchenmusik, die heilige Cäcilia, hat sicher ihre Freude an beiden Konzerten gehabt. Ich natürlich auch. Und wieviel Freude Gesang dem Sänger selbst machen kann, das war in St. Wigbert mit Händen zu greifen.

Angeblich gibt es in Deutschland über drei Millionen Menschen, die in einem der weit über 60.000 Chöre singen. Ich finde, das ist nicht ein einziger Chor zu viel. Denn es kommt überhaupt nicht darauf an, wie kostbar ein Instrument oder wie berühmt ein Chor ist. Was wirklich zählt, ist die Freude an der Musik. Und die stellt sich ein, wo jemand mit ganzem Herzen dabei ist. Vielleicht sogar viel leichter, wenn man damit **nicht** sein täglich Brot verdienen muss.

3.5 Theater spielen mit Leib und Seele

Sag nicht: Ich bin noch so jung. Wohin ich dich auch sende, dahin sollst du gehen, und was ich dir auftrage, das sollst du verkünden. (Jeremia 1,7)

Viele junge Leute spielen gern Theater. Natürlich nicht alle. Manche schauen auch lieber zu, wie die anderen spielen. Und es gibt richtige Naturtalente unter ihnen. Mir macht es selbst Spaß, zu erleben, wie unbekümmerte gerade jüngere Schüler in eine Rolle schlüpfen und sie mit Leben und eigenen Ideen füllen.

In meiner eigenen Schulzeit wurde auch oft Theater gespielt. Da gab es das mit viel Aufwand von der ganzen Schule inszenierte Musiktheater. Und dank einer großzügigen Spende verfügte unsere Schule über einen herrlichen Fundus an Kostümen. Was wurden da für Prinzessinnen, Hofdamen und Pagen eingekleidet! Aber auch im Deutschunterricht lernten wir nicht nur endlos lange Gedichte, sondern führten sie auch im Klassenzimmer auf. Den Zauberlehrling, der mit Besen und Putzeimer herumfuhrwerkte, sehe ich heute noch vor mir. Im Englischunterricht wurden all die harmlosen Szenen aus dem Lehrbuch theatermäßig vorgeführt. Wer nicht mitmachte, guckte zu. Aber gelangweilt hat sich keiner.

Etliche unserer Lehrerinnen waren Ordensschwestern, so auch meine Englischlehrerin. Im langen schwarzen Ordenskleid kletterte sie vor uns Fünftklässlern flink auf das Lehrerpult und erklärte uns den Unterschied zwischen „on the desk" und „under the desk". Ein einprägsames Lehrstück! Ihr Englisch war übrigens perfekt, mit einem Londoner Akzent. Heute weiß ich, dass Schwester Heriberta so manche Ferien in einem englischen Schwesterkloster verbracht hat und das muss wohl etwas auf ihre Aussprache abgefärbt haben.

Erst viele Jahre später habe ich aber begriffen, warum das Theaterspielen an dieser Schule eine so große Rolle spielte. Wer Theater spielt, der eignet sich einen Stoff nicht nur mit dem Kopf, sondern mit Leib und Seele an. Das wussten die Ordensleute der Jesuiten und praktizierten es zu allen Zeiten. Und von der englischen Ordensgründerin Mary Ward ist bekannt, dass sie sich bereits im 17. Jahrhundert die Jesuiten für ihren weiblichen Orden zum Vorbild genommen hat. Zu ihren Lebzeiten machte Mary Ward sich viele Feinde, nicht nur weil ihr die gleichwertige Ausbildung der Mädchen ein Herzensanliegen war. Einer ihrer Gegner warf ihr empört vor: „Sie lässt ihre Schülerinnen sogar Theater spielen und sich im freien Vortrag üben!" Mary Ward wusste warum. Und über 400 Jahre später darf man sie ruhig einmal für diese vorausschauende Praxis loben.

3.6 Sprache des Betens: Der Du die Abende dunkeln lässt

„Auch die Finsternis wäre für dich nicht finster, die Nacht würde leuchten wie der Tag. (Psalm 139,12)

Im Lauf des Januar werden die Tage deutlich länger. Ich freue mich immer wieder darüber, dass Ende des Monats die Sonne dann schon eine ganze Stunde länger scheint als in den ersten Januartagen. Ja, manchmal möchte ich den Winter ein klein wenig überlisten und kaum, dass der Weihnachtsbaum abgeräumt und nach draußen befördert wurde, stelle ich mir ein paar bunte Frühlingsblumen auf den Tisch. Dabei ist dem Winter vielleicht noch lange nicht die Puste ausgegangen. Aber sie tun uns gut, die länger werdenden Tage, die hellen Stunden. Auch wenn dann die vergessenen Spinnweben an der Decke plötzlich sichtbar werden, die es sich über Weihnachten da oben richtig gemütlich machen durften.

Kaum ist der kalendarische Winter so richtig angekommen, sehnen wir uns nach dem Frühling. Besonders dann, wenn Schnee und Eis uns schon früh gezeigt haben, woher der Wind weht.
Aber irgendwie ist es doch immer so, nicht nur mit dem Winter. Wir neigen dazu, den zweiten Schritt schon anzuvisieren, bevor wir noch den ersten ganz gemacht haben. Im Kopf sind wir allzu oft schon ein paar Stunden, Tage, Wochen oder Monate weiter. Es fällt uns schwer, ein wenig mehr im Jetzt, im Hier und Heute leben zu können. Den Kalender vergessen. Die Vorbereitungen einfach mal auf Eis legen. Und sich zum Beispiel im Januar darüber zu freuen, dass es noch immer recht früh dunkel wird. Die Schönheit des abendlichen Dunkelwerdens sehen. Diese Schönheit erkennen und sie genießen. Auch wenn die Sehnsucht nach dem Licht noch so tief in uns verwurzelt ist.
Das Judentum kennt ein wunderschönes Gebet zum Abend. Es beginnt mit den Worten:

„Gelobt seist Du,
Herr, unser Gott,
Weltenherrscher,
der durch Sein Wort die Abende dunkeln lässt,
mit Weisheit die Himmelspforten öffnet,
der die Zeiten verändert und die Stunden wandelt".

Seit ich dieses Gebet zum ersten Mal las, haben sich mir diese Worte eingeprägt: „Gelobt seist Du, Herr, der Du die Abende dunkeln lässt". Darin liegt der ganze Zauber der abendlichen Dämmerung, der länger werdenden Schatten, des Abschieds vom Tag.
In diesen Worten liegt Weisheit und Vertrauen. Wir können den Abend genauso aus Gottes Hand annehmen, wie Morgen und Sonnenaufgang. Denn: Du bist es, Herr, der Du die Abende dunkeln lässt.

3.7 So zeitlos wie ein guter Brief…

Gott schuf also den Menschen als sein Abbild ... Als Mann und Frau schuf er sie" (Gen 1,27).

Briefeschreiben ist ziemlich aus der Mode gekommen. Wir schreiben Emails im Büro, junge Leute verständigen sich über soziale Netzwerke, Handybenutzer senden mit flinkem Daumen blitzschnell die wichtigsten Neuigkeiten. Wer all das nicht beherrscht, kommt sich ein bisschen abseits vor. Aber, und darin lasse ich mich durch keine gepostete Nachricht oder das „Skypen" über Kontinente hinweg beirren, so ein richtiger handgeschriebener, zum Briefkasten getragener und leibhaftig wieder in Händen gehaltener Brief, der ist unersetzlich.

Ein großer Reisender und Briefeschreiber war Thomas Moore, englischer Lordkanzler unter König Heinrich VIII, der ihn und seinen Freund Kardinal Fisher einkerkern und im Jahr 1535 enthaupten ließ, weil sie nicht bereit waren, ihren Glauben diesem launischen und selbstherrlichen König unterzuordnen.
Thomas Moores Briefe sind solche Kostbarkeiten und glücklicherweise haben sich viele davon über die Jahrhunderte erhalten. Ein sturer Kopf, dieser Moore, wenn er sich lieber umbringen ließ als dem König den gewünschten Treueid zu schwören? Vielleicht. Ein verantwortungsloser Vater, der seine Familie einem ungewissen Schicksal überließ, nur seinem Gewissen zuliebe? Seine Frau und seine Tochter sahen das unterschiedlich. Jedenfalls ein beeindruckender Mensch, mit echt britischem Humor. „Der Bart hat doch keinen Hochverrat begangen", sagt er zum Henker und legt seinen Bart zur Seite, bevor dieser zuschlägt.

In vielen seiner Briefe beschäftigt Thomas Moore sich mit der Erziehung seiner Kinder. Insbesondere seiner begabten Tochter Margaret lässt er alle Bildung und alles Wissen seiner Zeit zukommen, damals ziemlich revolutionär. So schreibt er in einem der Briefe an den Hauslehrer seiner Kinder: „Ich bin der Meinung, dass ebenso gut wie der Mann auch die Frau in den Wissenschaften etwas leisten kann. ... Mit gleichem Recht können beide von ihrem Verstand Gebrauch machen und studieren." Und an seine Tochter Margret schreibt er: „Ich kenne eine Frau, die deswegen, weil sie eine Frau ist, nie so berühmt werden kann, wie sie es verdient."
Thomas Moore wünsche ich mir als Ratgeber für unsere Zeit und unsere Kirche. Gerade deshalb, weil es wieder religiöse und politische Strömungen gibt, die den Frauen weder ein offen gezeigtes Gesicht noch offensichtliche Begabung zugestehen möchten.

Der unbequeme und geistreiche Heilige bezeugt, dass man humorvoll, glaubwürdig und katholisch zugleich sein kann. Ebenso, wie man das Priestertum bejahen und gleichzeitig ein Förderer kluger und gebildeter Frauen sein kann. Genau diese Mischung ist für mich so zeitlos wie ein guter alter Brief.

4. Christen in Bedrängnis

4.1 Du hast Dir den Höchsten als Schutz erwählt

Fürchte dich nicht vor dem Pfeil, der am Tag dahinfliegt. (Psalm 91,5)

Am 20. Januar haben alle Namenstag, die Sebastian heißen. Er war ein interessanter Mann, dieser Märtyrer Sebastian. Ich stelle ihn mir ganz anders vor, als die von Pfeilen durchbohrten Sebastiane, die man in so mancher Kirche sieht, diesen Prätorianer-Hauptmann der kaiserlichen Garde. Seine Loyalität gegenüber dem Kaiser und damit seine Karriere endet in dem Moment, als er die systematische Christenverfolgung anprangert. Man gewährt ihm den Ehrentod eines Soldaten und lässt ihn von den besten Schützen mit Pfeilen erschießen. Sebastian überlebt. Aber weil er nicht daran denkt, nun zu schweigen, lässt ihn der Kaiser endgültig aus dem Weg schaffen. Diesmal gibt es kein ehrenhaftes Ende mehr für ihn. Sondern die Abwasserkanäle Roms.

Im Nachtgebet der Kirche, der Komplet, gibt es einen Psalmvers der lautet: „Du brauchst dich vor dem Schrecken der Nacht nicht zu fürchten, noch vor dem Pfeil, der am Tag dahinfliegt".

Die wenigsten von uns müssen sich vor tatsächlichen Pfeilen ängstigen. Aber vielleicht vor gezielten Angriffen mit Worten, die genauso verletzten können. Und so mancher von uns fürchtet sich auch heute vor dem Schrecken der Nacht. Vielleicht weil sie Schlaflosigkeit bringt. Oder weil die Sorgen in der Nacht sich zu riesigen Bergen auftürmen, um bei Tageslicht dann wieder auf ein normales Maß zu schrumpfen. Die Schrecken der Nacht, das sind für manche Kranken Schmerzen, für andere böse Träume.
In diese Sorgen und düsteren Gedanken hinein spricht das alte Gebet der Komplet: Hab keine Angst. Weder vor den verletzenden Pfeilen bei Tag, noch vor dem Schrecken der Nacht. *Denn du hast dir den Höchsten als Schutz erwählt.*

Genau aus diesem unerschütterlichen Vertrauen lebte und starb einst Sebastian. Und auch so mancher Christ heute in den Ländern, in denen man sich beim Kirchgang in Lebensgefahr begibt. „Du brauchst dich vor dem Schrecken der Nacht nicht zu fürchten, noch vor dem Pfeil der am Tag dahinfliegt". Diese tröstliche Zusage gilt Christen in aller Welt und sie gehört zum kostbaren Erbe des Volkes Israel. Wie viele mögen im Nahen Osten wohl diese Worte am Abend sprechen und dabei ganz buchstäblich darauf hoffen, dass ihre Freunde und Verwandte diese Nacht und den gefährlichen Tag lebendig und unversehrt überstehen?

Beten wir für uns und für sie: Du brauchst dich nicht zu fürchten, *denn **er** befiehlt seinen Engeln, dich zu behüten auf all deinen Wegen. Sie tragen dich auf ihren Händen, damit dein Fuß nicht an einen Stein stößt.*

4.2 Ein Himmelssohn

Du aber halte meinen Bund, du und deine Nachkommen, Generation um Generation. (Genesis 17,9)

Wie kommt es eigentlich, dass Familientraditionen oft über Generationen weitergegeben werden? Da gibt es Familien, in denen hatten schon Großvater und Urgroßvater denselben Beruf. Oder da werden musische Begabungen immer wieder an die nächste Generation vererbt. Wir wissen heute, dass vieles davon genetisch bedingt ist. Aber auch Erziehung und Prägung spielen eine Rolle. Und wie ist das dann mit der Religiosität?

„Halte meinen Bund, du und deine Nachkommen" fordert Gott von Abraham. Geht das denn? Können wir eine solche Forderung überhaupt erfüllen? Oder gibt es vielleicht ein Gen für Frömmigkeit? Das scheint doch irgendwie höchst unwahrscheinlich!

Der chinesische Christ Bruder Yun lebt seit dem Jahr 2001 in Deutschland. Bei einem seiner Vorträge habe ich erlebt, wie er von den Jahren der Verfolgung in China erzählte, von seiner Verhaftung und den Folterungen im Gefängnis. Er verriet keinem der Chergen seinen wirklichen Namen, nannte sich nur „Mann des Himmels". Weil er sein Heimatdorf und seine Familie nicht in die Verfolgung mit hineinziehen wollte, gab er sich aus als einen, der keine Verwandte hat, sondern nur Gott als himmlischen Vater. Wahrscheinlich hat ihm die Einstufung als harmloser Verrückter sogar das Leben gerettet.

Interessant war auch, was Yun über unsere westliche Gesellschaft erzählte, über die Christen in Deutschland. Er sei schon in vielen christlichen Familien hier zu Gast gewesen, erzählte er. Und es falle ihm auf, wie selten es Eltern gelinge, den Glauben an ihre Kinder weiterzugeben. Das sei in China anders. Eine Tochter oder ein Sohn, der erlebt, wie die eigenen Eltern für ihren Glauben ins Gefängnis gehen, der habe Hochachtung vor dem Glauben der Eltern. Ja, meinte der himmlische Mann: Für uns ist es leichter den Glauben an die nächste Generation weiterzugeben als für euch.
Die Zuhörer wurden ziemlich nachdenklich bei diesen Worten, ich auch. Und bei den Worten Gottes an Abraham muss ich an Bruder Yun denken: „Halte meinen Bund, du und deine Nachkommen."

Aber ich bin auch sicher, Glaube ist ein Geschenk. Etwas, das man weder erwarten, noch selbst bewirken kann. Weder durch Erziehung noch durch Vorbild, können wir Glauben „machen". Wir können lediglich den Boden dafür bereiten und das gehört zu den Pflichten von Eltern, Paten, Erziehern, wenn sie denn Christen sind. Auch wenn wir alle dabei recht weit hinter dem zurückbleiben, was uns aufgetragen ist, auch wenn es manchmal schwer fällt, die freie Entscheidung zu respektieren. Das Wachstum des Samens schenkt ein anderer. Gnade, lautet das wunderbare alte Wort dafür. Und die gibt's überall auf der Welt nur geschenkt. Für den Glauben der kommenden Generation zu beten, ist dabei womöglich das allerwichtigste.

4.3 Geheimcode Gesangbuch

Der Engel des Herrn aber öffnete nachts die Gefängnistore. (Apg 5,19)

Ich bewundere immer wieder Menschen, die in Not sind, und dabei auf ganz außergewöhnliche Ideen kommen. Flüchtlinge, Gefangene, Verfolgte. Faszinierend, was man Menschen sich einfallen lassen, um jemanden zu retten, um in die Freiheit zu gelangen oder auch nur um Nachrichten weiter-zugeben.

Gefangene schreiben Gedichte, obwohl sie eigentlich gar kein Papier haben. Sie kritzeln mit dem eigenen Blut, wenn man ihnen die Tinte verweigert. Oder sie schmuggeln Kassiber, wo es scheinbar gar keinen Weg der Kommunikation mit der Welt draußen gibt.

Von einer besonderen Überlebensstrategie erzählt Barbara von Haeften, eine der Frauen der Widerstandskämpfer des 20. Juli 1944. Sie berichtet, wie sie mit Hilfe des Gesangbuches mit der Inhaftierten in ihrer Nachbarzelle, Gräfin Yorck, tröstliche Gedanken austauschen konnte. Ihren goldenen Trauring durften die Frauen auch im Gefängnis behalten. Und mit ihm klopften sie die Gesangbuchnummer eines Liedes an die Zellenwand. Die Strophen wurden dann gekratzt, so dass man deutlich unterscheiden konnte: Lied 368, Vers soundsoviel. So konnten sie sich verständigen, so wünschten sie sich Guten Morgen und sagten sich auch Gute Nacht.

Die Gesangbuchlieder gaben den Frauen Trost und halfen ihnen, Depressionen zu überwinden. Als Barbara von Haeften viele Jahre später einmal von ihrer Tochter gefragt wurde, ob ihr Glaube denn wirklich noch so lebendig sei, antwortet sie: Je älter ich werde, desto weniger kann ich über meinen Glauben aussagen. Aber damals, in der direkten Bedrohung des eigenen Lebens und dem Tod ihres Mannes, „damals konnte man seltsamerweise aussagen".

Immer wieder werden Menschen Opfer von Gewalt und Bedrohung. Und immer wieder wird ihnen auf überraschende Weise die Fähigkeit geschenkt, sich über ihre Feinde und Peiniger zu erheben. Mit kreativen Ideen, die ihnen helfen zu überleben, oder mit einer Glaubenstreue, die über ihren Tod hinaus Zeugnis gibt. Der Seele wachsen Flügel, auch wenn man sie nicht sieht. Sie überwindet Gefängnismauern und erhebt sich in innerer Freiheit.

4.4 Ihre Hoffnung ist voll Unsterblichkeit

Dass aber die Toten auferstehen, habt ihr das nicht im Buch des Mose gelesen, in der Geschichte vom Dornbusch, in der Gott zu Mose spricht: Ich bin der Gott Abrahams, der Gott Isaaks und der Gott Jakobs? Er ist doch nicht ein Gott von Toten, sondern von Lebenden. (Mk 12,26-27)

Der November neigt sich dem Ende. Das Kirchenjahr auch. Die großen ernsten Feiertage des Novembers liegen hinter uns. Allerheiligen, Allerseelen, Volkstrauertag, Totensonntag. Und in wenigen Tagen beginnt die Adventszeit. Mir kommt es immer ein bisschen so vor, als wäre jetzt die dunkelste Zeit des Jahres schon geschafft. Dabei stimmt es rein meteorologisch gar nicht, die kürzesten Tage kommen ja noch. Aber der Ausblick auf den Advent ruft so viele schöne Eindrücke wach, dass ich beim Advent gar nicht mehr zuerst an Dunkelheit denke. Sondern an Kerzen, geschmückte Innenstädte und Lichterketten, an Vorfreude und Hektik, an Plätzchen und Geschenke einkaufen. Für mein Empfinden ist der November viel dunkler, auch wenn es draußen noch ein knappes Stündchen länger hell ist.

Die biblischen Texte, die in diesen letzten Tagen des Kirchenjahres gelesen werden, sind keineswegs nur dunkel. Sie blicken vielmehr über Traurigkeit und Totengedenken auf die Zukunft. Auf unsere Zukunft. Die Rettung kommt von Gott, verkünden sie. Unser Gott ist kein Gott von Toten, sondern von Lebenden erklärt uns Jesus. Nicht auf Dunkelheit und Trauer wollen diese Lesungen uns einstimmen, sondern auf Hoffnung und Verheißung.

Besonders berührt mich dabei ein Satz aus dem Buch der Weisheit. Zum Gedenken an 117 vietnamesische Märtyrer, allen voran den enthaupteten Priester Andreas Dung-Lac, wird dieser Satz im Gottesdienst an ihrem Gedenktag gelesen: *In den Augen der Menschen wurden sie gestraft, doch ihre Hoffnung ist voll Unsterblichkeit.* Eine der schönsten und tröstlichsten Stellen im Alten Testament, diese Worte aus dem dritten Kapitel im Buch der Weisheit.
In meinen Ohren klingt das wie Poesie: „Ihre Hoffnung ist voll Unsterblichkeit".

Das ist es, denke ich, so möchte ich auch hoffen können. Nicht ängstlich und voller Sorge um die Zukunft sein, sondern mit einer Hoffnung voll Unsterblichkeit. Dann verlieren auch all die ernsten Tage des Novembers ihren Schatten. Sie werden dadurch nicht heiter und schon gar nicht unwichtiger. Aber sie werden in ein ganz anderes Licht getaucht. In das Licht, das in der Adventszeit dann jeden Tag ein bisschen heller leuchtet.

4.5 Mit einem Engel durchs Feuer

Denn er hat seinen Engel gesandt und seine Diener gerettet.(Daniel 3,95)

„Jeder Mensch hat einen Engel", schreibt der bekannte Benediktinerpater und Autor Anselm Grün. Mache Leuten winken ab beim Thema Engel. Das klingt für sie nach Kitsch und Kinderglaube. Andere entwickeln einen Engelglauben, der sich auch mit Elfen und Trollen gut verträgt. Mir gefallen die Erklärungen von Anselm Grün zu den Engeln besser.
Die Bibel spricht ganz selbstverständlich von Engeln, von den namenlosen und denen mit klangvollen Namen. Bezeichnend ist, dass sich die Namen der Engel immer auf Gott beziehen. Michael zum Beispiel heißt „wer ist wie Gott?" Oder Gabriel „Mann Gottes". Und Raffael: „Gott hat geheilt". Ohne Gott sind Engel nicht denkbar, ihre Kraft kommt von ihm.
Auch Jesus spricht ganz selbstverständlich von Engeln und davon, dass die „Kleinen" ihren Engel im Himmel haben. An anderer Stelle heißt es, dass die Engel ihm dienen. Engel gehören zum christlichen Glauben, nicht nur zu Märchenbüchern.

Eine alttestamentliche Geschichte erzählt von drei jungen Männern, die sich gegen die verlangte Anbetung eines goldenen Götterbildes wehren. Selbst als König Nebukadnezar die jüdischen Jünglinge zur Strafe in einen glühenden Feuerofen werfen lässt, bleiben sie ihrem Glauben treu.
Ein grausames und seltsames Bild, das der Prophet Daniel da zeichnet. Mitten in der Feuersglut werden die drei jungen königlichen Beamten durch den Engel Gottes vor dem Verbrennen bewahrt. Durch einen Engel, der mit ihnen in die Feuersglut hinabsteigt, sie vor dem Feuer bewahrt.

So richtig vorstellen kann und will ich mir diese Szene gar nicht. Zu schrecklich sind die Bilder, die uns dabei einfallen. Unfassbar, was Menschen erleben, die in einem verheerenden Waldbrand ihr Leben lassen.

Aber ein glühendes Feuer ist, ungeachtet dieser grausamen Realität, als Bild auch auf andere Situationen übertragbar. Ein Kind das vor Fieber glüht und dessen Körpertemperatur einfach nicht unter das gefährliche Maß fallen will. Ein Schwerkranker, der sich vor Schmerzen windet und dem Schweißperlen auf der Stirn stehen. Ein Mensch, der vor Verzweiflung fast wahnsinnig wird. Oder ein Soldat, der mit einem Granatsplitter im Auge noch seinen schwerverletzten Kameraden zum Sanitätszelt schleppt. Sie alle gehen durch einen glühenden Feuerofen. Selbst wenn dies bei eisigen Minustemperaturen im Gebirge geschieht.

Der Engel Gottes, der uns in einer solchen Situation bewahrt, ist für mich keine fromme Erfindung. Ich glaube nicht an süße Engel, die uns in sanfte Watte packen. Aber der Engel Gottes, der mit uns durchs Feuer geht, auf seinen Beistand dürfen wir hoffen.

4.6 Das Flüstern der Vielen

Ich quälte mich es auszuhalten und konnte nicht; hörte ich doch das Flüstern der Vielen: Grauen ringsum! Zeigt ihn an! (Jeremia 20, 9-10)

Kritik gehört zum Leben. Je mehr jemand in der Öffentlichkeit steht, umso mehr ist er der Kritik ausgesetzt, auch unsere Politiker. Nicht nur die politische Fastnacht lebt von der Kritik, auch Kabarettisten und Journalisten. Wer nicht kritisiert wird, der bekommt auch keine Chance sich zu ändern. Und wenn Kritik mit einem gewissen Humor geschieht, dann können im besten Fall sogar beide Seiten darüber schmunzeln. Und meist steckt in jedem kritischen Wort mindestens ein Körnchen Wahrheit.

Etwas ganz anderes aber ist es mit der leisen oder halblauten Kritik. Wer „hintenrum" kritisiert, der scheut die öffentliche Auseinandersetzung. Sei es aus Feigheit oder Berechnung oder weil er weiß, dass er die Unwahrheit sagt. Diese Art von Kritik finde ich scheußlich. Sie ist nicht nur hässlich, sondern gefährlich. Vermeintlich Schuldige werden denunziert, werden angezeigt. Auf diese Weise räumt man Menschen aus dem Weg, die hinderlich sind, vernichtet ein Leben.

Verleumdung gab und gibt es zu allen Zeiten. „Ich quälte mich es auszuhalten, und konnte nicht; hörte ich doch das Flüstern der Vielen." Diese Worte stammen nicht etwa von heutigen Opfern, sondern aus dem siebten Jahrhundert vor Christus, vom Propheten Jeremia. Sie verursachen beinah eine Gänsehaut: „Grauen ringsum! Zeigt ihn an! Wir wollen ihn anzeigen. Meine nächsten Bekannten warten darauf, dass ich stürze..." (Jer 20,9-10). Es sind erschütternde Worte. Sie spiegeln die infame Bosheit der Verleumder und die Hilflosigkeit des Opfers.

Die Gründe für solche Verleumdung sind vielfältig. Ob sie die Auflagenzahl erhöht und die Quote steigert, oder ob es den Urheber der Verleumdung einfach nur wichtiger machen soll. Verleumder haben oft ein so dickes Fell, dass sie gar kein Schuldbewusstsein entwickeln.

Als die Mitglieder der Weißen Rose in der Münchner Universität Flugblätter verteilten, in denen sie das grausame Unrechtsregime kritisierten, wurden sie vom Hausmeister überrascht und angezeigt. Als man den Mann später fragte, wie er denn mit dem Gedanken fertig werde, den Tod dieser jungen Leute auf dem Gewissen zu haben, meinte er nur unbeeindruckt: „Ich hätte sie auch verhaften lassen, wenn sie nur Butterbrotpapier geschmissen hätten."

Über solche Gemeinheit und Stumpfheit tröstet uns der Prophet Jeremia: Der Herr prüft den Gerechten, er kennt Herz und Nieren. Er rettet das Leben des Armen aus der Hand der Übeltäter." Jesaja wusste sehr genau, wovon er sprach. Aber er ruft uns ganz eindrücklich über die Jahrhunderte hinweg zu: „Euer Herz soll nicht verzagen. Fürchtet euch nicht vor dem Gerucht, das man im Land hört." (Jer 51,46)

Auch Jesus wurde das Opfer von Verleumdung und falschen Zeugen. Davon erzählen Palmsonntag und Karfreitag. Aber nach dem Karfreitag folgt Ostern. Die Wahrheit siegt. Damals wie heute.

5. Verkündet sein Heil

5.1 Was ist Wahrheit?

Die Liebe Freut sich nicht über das Unrecht, sondern freut sich an der Wahrheit. (1. Korintherbrief 13,6)

Man kann heute über alles streiten, alle möglichen und unmöglichen Positionen vertreten, ob in politischen, ethischen oder religiösen Diskussionen. Nur eines darf man nicht: Behaupten, es gäbe Wahrheit. Sofort wird man zurechtgewiesen, Wahrheit könne immer nur je meine, deine, irgendjemandes Wahrheit sein. Eine sogenannte objektive Wahrheit kann, darf und soll es nicht mehr geben.

Dabei gibt es gerade in einer Gesellschaft, die immer vielfältiger wird, Anlass genug, darüber nachzudenken, was verbindlich für alle sein soll. Die Frage „Was ist Wahrheit?" (Joh 18,38), die Pilatus einst Jesus stellte, war eine rhetorische Frage. Der römische Statthalter zeigt die Skepsis eines Politikers, für den Wahrheit entweder unerreichbar oder auch nur irrelevant ist. Obwohl er von der Unschuld dieses Verurteilten überzeugt ist, beugt er sich dem Willen bestimmter Kreise der Bevölkerung. Wenn die Mehrheit es so will, dann ist das eben „die Wahrheit". Und wenn infolge dessen ein Unschuldiger zum Tode verurteilt wird, dann ist das bedauerlich, aber nicht zu ändern.

Im Prozess Jesu vertritt Pilatus den Staat, der die Justizvollmacht hat. Aber Jesus selbst macht ihn darauf aufmerksam, dass er diese Macht nicht hätte, „wenn sie dir nicht von oben gegeben wäre" (Joh 19,11). In dem Moment als Pilatus nicht mehr nach Wahrheit, nicht mehr nach Verantwortung gegenüber einer höheren als der politischen Macht fragt, verrät er sein Amt. Und begeht Justizmord.

Heute spricht man in der Öffentlichkeit lieber von Werten als von Wahrheit, um nicht in Konflikt mit dem Gedanken der Toleranz und dem allseits, bewusst oder unbewusst, herrschenden Relativismus zu geraten. Aber es bleibt doch die Frage, wie man Werte, auch Grundwerte unserer staatlichen Ordnung, begründen kann, wenn sie für alle gültig sein sollen. Unser christlicher Glaube lehrt absolute Wahrheiten und Werte, er fordert Gottesliebe, Nächstenliebe, Wahrhaftigkeit, Vergebung. Recht und Unrecht, Menschenrechte und Lebensrecht sind nicht eine Sache der Mehrheitsentscheidung. Menschenwürde muss jedem Menschen, dem Behinderten, dem Sterbenden und dem Ungeborenen zugestanden werden. So unbequem der Gedanke sein mag, hier sind wir als Christen gefordert, von der Wahrheit Zeugnis zu geben. „Die Liebe freut sich an der Wahrheit" (1 Kor13, 6), sagt Paulus.

Der Religionsphilosoph Jörg Splett thematisiert in Büchern und Vorträgen immer wieder die Wahrheitsfrage. Dabei greift er gern auf die berühmte Ringparabel von Nathan dem Weisen zurück, mit der sich Lehrer und Schüler im Deutschunterricht seit Generationen beschäftigen.

Lessing erzählt die Parabel vom Vater und seinen drei Söhnen, die ihm alle drei gleich lieb sind, denen er einen Ring von unschätzbarem Wert hinterlässt. Sein Ring hat die geheime Kraft „vor Gott und den Menschen angenehm zu machen". Der Vater lässt zwei Kopien seines Rings anfertigen und so müssen die drei Söhne nach seinem Tod feststellen, dass jeder von ihnen einen ebenso kostbaren Opalring, zusammen mit dem Segen des Vaters, erhalten hat. Sultan Saladin, dem Nathan der Weise diese Geschichte als Antwort auf die Frage nach der wahren Religion erzählt, versteht sie als Mahnung zu Toleranz unter den Religionen, da jede sich für die wahre Religion halten müsse.

Problematisch, so Splett, ist an der Ringparabel zum einen, dass der eigentliche Betrüger in der Geschichte der Vater ist, der seine Söhne belügt. Deshalb sei es schwer verständlich, warum dieses Werk gerade bei Religionslehrern so populär ist, zumal das Urteil des Richters in der Geschichte lautet:

„Jeder liebt sich selber nur
am meisten? - O, so seid ihr alle drei
betrogene Betrüger! Eure Ringe
sind alle drei nicht echt."

Die Schlussfolgerung aus dieser großartigen, zur Toleranz mahnenden Dichtung, ist dann, nicht nur für christliche, sondern auch für atheistische Philosophen, im Grunde das Ende jedes Wahrheitsanspruchs. Wenn jede Meinung das Recht darauf hat, als Wahrheit aufzutreten, dann erkennt man die Wahrheit nur noch als eine Meinung unter anderen an, also als subjektive Überzeugung. Damit aber ist nicht zu begründen, warum beispielsweise Menschenrechte universal gültig, warum die Würde des Menschen unbedingt und für jeden Menschen zu fordern ist. Oder warum nicht jede Religionsgemeinschaft in unserer Gesellschaft das Recht hat, nach eigenem religiösen Recht zu richten, also etwa Minderjährige zu verheiraten oder Ehebruch mit Steinigung zu bestrafen.

Sowohl der emeritierte Papst Benedikt XVI als auch der Religionsphilosoph Splett sprechen sich selbstverständlich nicht *gegen* Toleranz, sondern ganz ausdrücklich *für* Toleranz aus.[3] Aber sie betonen beide, dass man Toleranz nicht als Vorwand für eine Gleichgültigkeit gegenüber der Wahrheit nehmen dürfe. Toleranz entbindet nicht von dem Auftrag zu Zeugnis und Verkündigung: „Verkündet sein Heil von Tag zu Tag."

[3] Vgl. dazu ausführlich: Josef Kardinal Ratzinger/Benedikt XVI, Werte in Zeiten des Umbruchs, Freiburg 2005, S. 49-66 und Jörg Splett, Nathans Parabel: Liebe freut sich an der Wahrheit, http://www.sankt-georgen.de/hochschule/magazin_1-2015.pdf (Seite 33-36)

5.2 Ein Nikodemus-Stündchen und die eherne Schlange

Und wie Mose die Schlange in der Wüste erhöht hat, so muss der Menschensohn erhöht werden, damit jeder, der (an ihn) glaubt, in ihm das ewige Leben hat. (Johannes 3,14-15)

Das Evangelium des vierten Fastensonntags zeigt uns Jesus von einer ganz privaten, persönlichen Seite. Es gewährt uns sozusagen einen Blick abseits der großen Bühne, der wichtigen Schauplätze, ohne Öffentlichkeit. Wir werden davon hören, wie einer der einflussreichen Männer Jerusalems Jesus besucht. Sein Name ist Nikodemus, sicher nicht zufällig, bedeutet dieser Name doch Besieger oder Überwinder des Volkes.
Wir erfahren, dass er Jesus einmal gegenüber seinen Feinden verteidigt und fordert, man müsse jedem Angeklagten einen fairen Prozess machen und seine Schuld oder Unschuld feststellen, bevor man ihn verurteile. Damit macht er sich nicht beliebt bei den anderen. Auch beim Begräbnis Jesu wird dieser Pharisäer erwähnt, er bringt 100 Pfund Myrrhe und Aloe. Beides gehörte zur ordnungsgemäßen Bestattung des Leichnams, sie waren auch Bestandteil von kultischen Salbungen.

Dieser Nikodemus kommt also an einem Abend zu Jesus und führt mit ihm ein Gespräch. Ein tiefsinniges, kluges, ja ein existentiell wichtiges Gespräch: Nikodemus gibt Jesus zu verstehen, dass er schon einiges begriffen hat. Er sieht Jesus als Lehrer, der von Gott gekommen ist. Aber er stellt weitere Fragen: Wie kann ein Mensch neu geboren werden, was bedeutet es, aus dem Geist neu geboren zu werden ? Und Jesus nimmt sich Zeit, er antwortet Nikodemus ausführlich, Zeit für ein sogenanntes Nikodemus-Stündchen, ein abendliches Gespräch, bei dem man in die Tiefe geht, nicht plaudert oder nur mal so diskutiert.

Und dann gibt Jesus dem Nikodemus ein Beispiel. Ein Beispiel, mit dem er im Grunde sein eigenes Schicksal, Karfreitag und Ostern, vorwegnimmt. Und dazu holt Jesus ein wenig aus. Wir kennen die Erzählung vom Exodus, vom Auszug der Israeliten aus Ägypten. Mose führt das Volk aus der Sklaverei des Pharao und in das verheißene Land. Aber der Weg dorthin dauert lang, vielen aus dem Volk dauert er zu lang. Und das Volk murrt. Wir kennen das ja auch, wenn eine Autofahrt zu lang dauert, wenn es Stau gibt oder der Weg viel länger als erwartet ist, werden wir ungeduldig, schlecht gelaunt. Wieviel mehr ein ganzes Volk, das jahrzehntelang durch die Wüste zieht. Unterwegs sterben die Geschwister des Mose, Miriam und Aaron, man zieht weiter. Wahrscheinlich einen uralten Handelsweg durch die Araba, also durch die Senke vom Toten Meer bis zum Golf von Akaba, in der heute die Grenze zwischen Israel und Jordanien verläuft.
Auf dem langen Weg verliert das Volk den Mut, es beschwert sich über die miserable Ernährung und lehnt sich gegen Mose auf. Aber nicht Mose, sondern Gott selbst, so erzählt uns das Alte Testament, bestraft das Volk. Er schickt Giftschlangen und viele Israeliten sterben nach einem Schlangenbiss. Da betet Mose zu Gott und bittet ihn, dem untreuen Volk zu vergeben und es von den Giftschlangen zu befreien.
Gott antwortet Mose und gibt ihm einen seltsamen Auftrag: Mach eine Schlange und häng sie an einer Fahnenstange auf. Jeder, der von einer Schlange gebissen wurde, soll zu dieser

Schlange aufblicken und wird dadurch am Leben bleiben. Mose tut, was Gott ihm aufgetragen hat. Er macht eine Kupferschlange und alle, die nach einem eigentlich tödlichen Schlangenbiss zu dieser Kupferschlange aufblicken, werden gerettet.
Interessanterweise entdeckten amerikanische Forscher in diesem Wüstental des Wadi Araba Eisen- und Kupferminen, wo man mindestens bis zur Zeit König Salomos intensiv Bergbau betrieben und Kupfer gewonnen hat.

Was Jesus dem gebildeten Pharisäer erzählte, war mit Sicherheit nichts Neues für ihn. Ein Pharisäer kannte ja seine Bibel. Doch was er mit diesem Beispiel klarmachen will, darin liegt das Neue. Denn Jesus spricht weiter, und erklärt: So wie Mose damals eine Kupferschlange erhöht hat, so muss auch der Menschensohn erhöht werden. Mit „Menschensohn" meint Jesus sich selbst. Der Menschensohn, der Sohn Gottes, den man ans Kreuz hängen wird, wird an diesem Kreuz erhöht werden. Weder Nikodemus noch die Anhänger Jesu werden zu diesem Zeitpunkt verstanden haben, was Jesus damit sagen wollte. So wie jeder, der die Kupferschlange ansah, vom Gifttod gerettet wurde, so wird auch jeder gerettet, der an den Sohn Gottes glaubt, der am Kreuz erhöht, der am Kreuz starb, aber von Gott auferweckt und in den Himmel aufgenommen wurde.
Auch das Judentum hat den rettenden Blick nicht als Zauberei verstanden, nicht eine magische Schlange ist es, die als Zaubermittel gesund macht. Sondern es heißt in einem jüdischen Lehrsatz: „Tötet denn etwa eine Schlange oder macht eine Schlange lebendig? Nein, sondern: Wenn die Israeliten nach oben blickten und ihr Herz ihrem Vater im Himmel unterwarfen, wurden sie geheilt, und wenn nicht, kamen sie um" (Mischna. Traktat Rosch ha-Schana 3,8).

Es geht also um die innere Haltung, um den Glauben. Wenn wir auf das Kreuz schauen, ist das genauso. Das Kreuz wirkt nicht als Zaubermittel, wie man es in Filmen sehen kann, etwa zum Schutz vor Vampiren oder anderen Gefahren. Sondern gerettet wird, wer voll Glauben aufblickt und sich Gott zuwendet. Genauso wie damals Nikodemus, sollen wir unsere Fragen und Bitten, unsere Sorgen und Ängste Jesus anvertrauen. Nicht Zauberei, kein Talisman und kein Anhänger aus Kupfer oder irgendeinem anderen Metall rettet uns, sondern der Glaube an den am Kreuz erhöhten, an den auferstandenen Herrn.

Der vierte Fastensonntag trägt den alten Namen Laetare, "freue dich" Das bezieht sich auf das erste Wort im Eingangsgesang, dem Introitus der Liturgie des Tages. Im katholischen, aber auch im evangelischen Gottesdienst wird am vierten Passionssonntag das "Freue dich, Jerusalem" aus dem Jesajabuch des Alten Testaments gelesen. Die Mitte der Fastenzeit ist überschritten und Ostern kommt näher.

Dieser Tag kündet von der Freude auf das kommende Fest, das zeigt sich sogar in der liturgischen Farbe des Tages. Anstelle des üblichen Messgewandes, das in der Fastenzeit violett ist, trägt der Priester ein rosafarbenes Messgewand, es mischt sich sozusagen schon das Weiß des nahenden Osterfestes in das Violett, die Farbe der Buße, der Fastenzeit. Die Botschaft des Evangeliums erklärt, warum wir uns freuen dürfen: So sehr liebt Gott die Welt, seine Schöpfung, so sehr liebt er uns Menschen, dass er uns seinen einzigen Sohn gesandt hat. Damit jeder, der an ihn glaubt, nicht zugrunde geht, sondern das ewige Leben hat. Jesus Christus ist in unsere Welt gekommen, damit die Welt durch ihn gerettet wird. Ganz so, wie wir in einem Lied zum Heiligen Geist singen:

„Der Geist des Herrn treibt Gottes Sohn,
die Erde zu erlösen;
er stirbt, erhöht am Kreuzesthron,
und bricht die Macht des Bösen."

Diese große Botschaft ist Grund zur Freude, im Hinblick auf das Osterfest Grund zur Vorfreude. Und wir dürfen uns freuen auf die Gegenwart Gottes, darauf, dass wir IHN in der Eucharistie empfangen dürfen.

Kloster vom Heiligen Kreuz, Jerusalem

5.3. Felix culpa oder ein paar geklaute Birnen

Denn wie ihr richtet, so werdet ihr gerichtet werden, und nach dem Maß, mit dem ihr messt und zuteilt, wird euch zugeteilt werden. Warum siehst du den Splitter im Auge deines Bruders, aber den Balken in deinem Auge bemerkst du nicht? (Mt 7,2-3)

Fast täglich ist in den Medien vom Thema Schuld die Rede. Ob Bestechungsskandal, Doping, ob Missbrauch oder Raubüberfall es hört nicht auf. Und wir scheinen uns gar nicht genug empören zu können. „Es ist eine Schande" sagt mancher. Und hat recht.

Doch so sehr wir uns stundenlang über die Schuld anderer aufregen, so blind sind wir manchmal für eigene Schuld. Nicht selten begegnen uns Leute, die ganz ernsthaft der Meinung sind, dass sie selbst keinerlei Schuld trifft. Allenfalls ein paar Fehler, für die man dann auch gleich jede Menge gute Erklärungen parat hat.
Gerade auf dem Gebiet der Schuld gilt es, hellhörig zu sein. Nicht erst dort, wo handfest gelogen, betrogen, gestohlen oder misshandelt wird, existiert Schuld. Auch jede Lieblosigkeit, und jede Verachtung macht uns schuldig. Nicht vor dem Strafgesetzbuch, aber vor Gott. Und deshalb gebrauchen Christen den alten Ausdruck Sünde. Sünde ist Schuld mit den Augen Gottes gesehen. Um sie zu erkennen, braucht es Feingefühl. Ohne dieses Feingefühl, ohne Sensibilität für unsere Mitmenschen merken wir ja oft nicht einmal, wenn wir ihnen weh tun, unrecht tun oder sie als Objekt der Eigenliebe missbrauchen.

Ein in Sachen Sünde sehr feinfühliger Mensch war Augustinus. An einer Stelle seines Buches „Bekenntnisse" spricht er von einer Sünde in seiner Jugendzeit: Da treibt sich ein Sechzehnjähriger mit ein paar Kumpels auf der Straße herum. Und schließlich, vor lauter Langeweile, klaut er mit seinen Freunden ein paar Birnen aus dem Nachbarsgarten. Du lieber Himmel, eine Bagatelle.

Augustinus sah das anders. Nicht so sehr die unreifen Birnen, die nicht einmal schmeckten, waren das Problem. Sondern die Haltung, aus der heraus er die Birnen stahl, die beschäftigte ihn. Was ihn reizte, war die Übertretung eines Verbotes, die Lust, sich über eine Grenze hinwegzusetzen. Und doch, so erkennt Augustinus, allein hätte er es nie getan. Aus einem einfachen Grund: Es hätte ihm kein Vergnügen gemacht. „Nicht aus Freude an Gewinn noch Rache tat ich es; nein; sondern weil einer sagte: Komm, wir tun es."

Wer selbst Kinder hat oder sich an seine Kindheit noch gut erinnern kann, der wird sicher zugeben: Da ist was dran. So manche Dummheit machen wir nur, weil andere mitmachen.
Sich an diese „Dummheiten" zu erinnern, kann uns nur gut tun. So sehr uns Gott liebt, so sehr sorgt er sich doch auch um unsere Überheblichkeit, um den pharisäerhaften Hochmut, der glaubt, gewisse Fehler könnten immer nur den anderen passieren. Wo Menschen anderen ihre Moral aufzwingen wollen, ist keine Freiheit mehr. Die Tyrannei der Tugend ist der Weg in unfreien Systemen, ob Genfer Sittengericht oder Religionspolizei der Taliban.

Damit ist keineswegs gesagt, dass wir als Christen uns nicht öffentlich hörbar äußern sollten, wo Unrecht geschieht, Leben zerstört und die Schöpfungsordnung Gottes spürbar verletzt wird. Aber nicht in der Haltung, die moralisch Edleren zu sein, weil wir gesetzestreuer leben.

Gott zeigt uns gerade im Neuen Testament, dass wir immer wieder umkehren können. Egal, wie schwer wie an ihm und anderen schuldig geworden sind. Immer wieder streckt er uns seine geöffneten Arme entgegen. Gott schenkt uns Zeit zur Umkehr. Jede Schuld ist eine Chance zum Neuanfang. Unfassbar, aber da stimmt am Ende tatsächlich: *Felix culpa.* Glückliche Schuld.

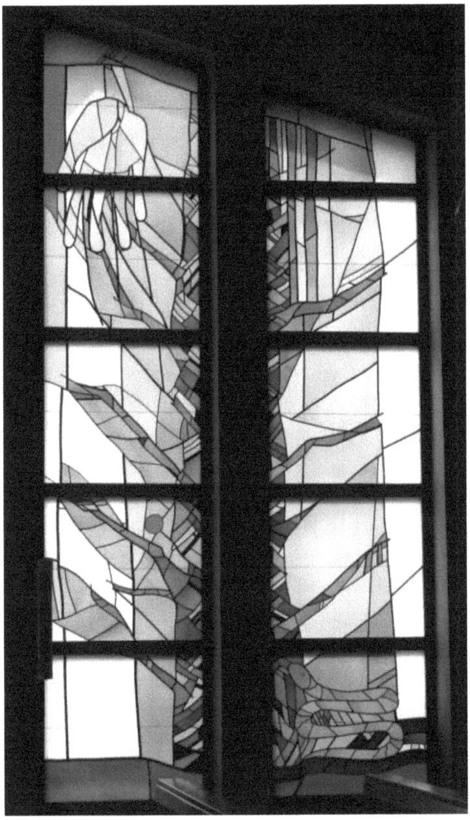

Schöpfung und Sündenfall, Pirmasens (A.J. Plum)

5.4 Fußwaschung

Jesu stand vom Mahl auf, legte sein Gewand ab und umgürtete sich mit einem Leinentuch. Dann goss er Wasser in eine Schüssel und begann, den Jüngern die Füße zu waschen und mit dem Leinentuch abzutrocknen, mit dem er umgürtet war. (Johannes 13,4-5)

Immer wieder passiert mir das. Ich bin unterwegs, möchte eine Stadt kennenlernen, es ist noch ein Museumsbesuch geplant und lauter schöne Dinge, die ich mir eigentlich unbedingt anschauen möchte.
Aber ich habe die falschen Schuhe an. Und schon nach dem ersten Programmpunkt habe ich keine allzu große Lust mehr, die fremde Stadt zu erkunden. Oder die tolle Ausstellung. „Na, mal wieder die verkehrten Schuhe an?" fragt dann mein Mann. Er kennt das ja schon. Zu kalt, zu warm, zu neu, zu unbequem, irgendwas ist immer falsch mit meinen Schuhen. Wie es meinen Füßen geht, das wirkt sich bei solchen Ausflügen sogar auf meine Stimmung aus. Dabei müsste ich das eigentlich längst gelernt haben.

Vor vielen Jahren habe ich für einige Monate in einem Krankenhaus gearbeitet, genauer gesagt in einer Augenklinik. Dort gab es eine tüchtige und energische Stationsschwester. Eine von denen, die das Herz auf dem rechten Fleck, aber auch Haare auf den Zähnen haben. Sie fackelte nicht lange, wenn sie jemandem eine Lektion in Sachen Lebenserfahrung erteilen wollte. So auch mir. Sie schickte mich zu einer älteren Patientin, die schon längere Zeit in der Klinik war. „Nehmen sie sich mal ne Schüssel warmes Wasser und eine Nagelschere und sorgen sie dafür, dass die alte Dame auf Zimmer 14 wieder ordentliche Füße kriegt. Guckt ja sonst keiner nach ihr...", kommandierte sie. Und gab damit auch zu verstehen, was sie von den Angehörigen der Patientin hielt.

Ich gehorchte. Kaum hatte ich mich mit meiner Schüssel vor der Patientin niedergekniet, da wehrte diese ab: „Ach, lassen sie doch nur, es geht schon. Wenn ich wieder besser sehen kann, dann mach ich das schon selbst." Ich spürte, es war ihr peinlich. Vielleicht, weil ihre Füße so schlimm aussahen. Vielleicht, weil sie an meiner Stimme hörte, dass ich noch ziemlich jung war. Vielleicht, weil das noch keiner für sie getan hatte. Und ein wenig Überwindung kostete es mich schon, denn tatsächlich sahen diese Füße schlimm aus. Aber vor allem war ich selbst unsicher. Fußpflege will gelernt sein, da kann man einiges falsch machen.
Mit der Zeit saß die Patientin immer entspannter in ihrem Stuhl. Die Frühlingssonne schien ins Zimmer, es herrschte eine friedliche Stille auf Station. Ich sah auf und hatte ein ganz seltsames Gefühl, als stünde die Zeit still. Nach einer Weile seufzte die Frau: „Sie haben ja keine Ahnung, wie gut das tut. Ich fühl' mich wie neugeboren."

Aber nicht nur die alte Dame war froh. Ich war es auch. Als ich an diesem Abend das Krankenhaus verließ, ging es mir durch den Kopf: „Das also ist Fußwaschung." Und jedes Jahr am Gründonnerstag, wenn in der Kirche das Evangelium vorgelesen wird, bei dem Jesus seinen Jüngern die Füße gewaschen hat, muss ich an sie denken.

5.5 Im Kreuz ist Heil, im Kreuz ist Leben

Wegkreuz in Südtirol

Wegkreuz
Glaube
Wegkreuz mit Rose
schön
Wegkreuz mit Rose und Mais
und fruchtbar
Wegkreuz mit Rose und Mais am Weg
begleitet Er uns
mein Weg mit Dir – mein Weg – Dein Weg - Dein Weg mit mir
begleitest Du mich
Kreuz mit Mais und Rose am Weg
stärkst und erfreust
Kreuz mit Rose am Weg
liebevoll durch Dornen
Kreuz am Weg
hindurch
Kreuzweg

Kreuz in Crestet, Provence

Kreuzerhöhung

Wer den christlichen Glauben heute weitergeben möchte,
muss erzählen können, was das Kreuz bedeutet:
Der Tod ist tot, das Leben lebt.
Immer ragt das Kreuz in den Himmel.
Immer wird es auf der Erde aufgerichtet.
Immer weist es über das Irdische hinaus.
Immer erst mit Blick auf den Himmel verstehbar.
Karfreitag, Ostern.
Ein Opfer aus Liebe, das größte Geschenk.
Das Zeichen der Qual wird zum Zeichen der Liebe.
Noch heute ein Skandalon, dem widersprochen wird.

5.6 Ein Altarkreuz und das Gespräch mit Jesus

Wir haben ihm gegenüber die Zuversicht, dass er uns hört, wenn wir etwas erbitten, das seinem Willen entspricht. (1. Johannesbrief 5,14)

„Es ist schwer mit Dir zu diskutieren, Herr...", sagt Don Camillo zu Christus am Kreuz, als er sich beschweren will, weil „die Roten" ihn verprügelt haben. „Ich, wenn ich du wäre, hätte nie erlaubt, dass Peppone Bürgermeister wird", hält er dem Heiland vor. Aber der antwortet ungerührt: „Die kleine Abreibung hat dir ganz gut getan, Don Camillo!" und ermahnt ihn: „Vielleicht lernst du jetzt, dass man bei mir keine Politik treiben soll."

Erfreulicherweise kann man sich die wunderbaren Don Camillo und Peppone - Filme heute ja auf DVD oder auf Youtube anschauen. Fernandels Verfilmung der Bücher von Giovanni Guareschi erzählen von einem Freundes- und Feindespaar, von dem im Herzen gut-katholischen kommunistischen Bürgermeister Peppone und dem halsstarrigen, aber gütigen italienischen Landpfarrer Don Camillo, die sich in den Jahren nach dem 2. Weltkrieg in einem norditalienischen Städtchen nicht nur mit Worten Gefechte liefern.

Immer wieder, mitten in hitzigen Auseinandersetzungen, kommt Don Camillo und spricht mit Jesus am Kreuz. Er erzählt ihm all seinen Ärger und seine Sorgen. Und Christus antwortet ihm. Er tröstet, ermahnt, kritisiert, sagt ihm liebevoll und gütig, manchmal auch streng, die Meinung und erinnert ihn an seinen Auftrag: „Don Camillo, deine Unterrichtsweise in christlicher Nächstenliebe mit Faustschlägen gegen den Kopf gefällt mir nicht!" Selten schweigt Don Camillos Gesprächspartner. Manchmal aber lobt er ihn: „Du wirst immer mehr auf dein Herz und nicht auf deinen Verstand hören.... Gott erhalte dir dieses gute Herz!"

Das Kreuz in dieser Geschichte ist der Ort, an dem ein Mensch sich Gott anvertrauen kann und Antwort bekommt. Nicht immer ist diese Antwort so, wie der Mensch es sich erhofft, aber immer hilft sie ihm in seinem Alltag weiter. Es ist ein lebendes Kreuz, weil es im Leben des Menschen unter diesem Kreuz eine Rolle spielt, weil dieser Mensch spürt, hier ist Gott präsent.

Das Altarkreuz der Kirche Mariae Himmelfahrt in Mainz-Weisenau steht in der Tradition der Lebensbaum-Kreuze. Eine künstlerische Darstellung, die theologisch an den Baum des Lebens im Paradies anknüpft.

Vom Baum des Paradieses kam der Tod, durch den Ungehorsam des Menschen. Am Baum des Kreuzes wird durch die Hingabe Jesu, durch seinen Gehorsam bis zum Tod am Kreuz, der Tod besiegt. Der Kölner Künstler Hein Gernot Gernot († 2009) gestaltete die Mitte dieses Kreuzes als Sonnenrund im Schnittpunkt der

Kreuzesarme. Umgeben von zwölf stilisierten Ästen mit Blättern steht die Christusfigur, die auf ausdrücklichen Wunsch der Gemeinde damals eingefügt wurde, ein Kranz von Strahlen umgibt sie. Ganz bewusst wurde das mittlere Chorfenster als Auferstehungsfenster mit seiner Lumen-Christi-Thematik optisch und inhaltlich in Bezug zu diesem Altarkreuz gestaltet. Ob als Ast- oder Baumkreuz, ob es Blätter, Blüten oder Früchte trägt, immer macht diese Bildfindung sichtbar: Das Kreuz ist kein Zeichen des Todes, sondern der Überwindung des Todes. Vom Kreuz geht neues, ewiges Leben aus. Die sogenannten lebenden Kreuze entwickelten diesen Gedanken weiter, seit Anfang des 15. Jahrhunderts gestalteten Künstler das Kreuz mit Händen, die aus dem Kreuz heraus handeln.

Ganz wörtlich bringen sie ins Bild, dass das Kreuz Jesu Christi für ein Geschehen, für Gottes Handeln steht. Auch wenn dies auf uns heute vielleicht kindlich wirkt, so sind diese Bilder doch voll Weisheit des Glaubens. Sie erklären, warum wir uns vor einem Kreuz versammeln und vor ihm beten: Weil Gott durch das Kreuz *handelt*, uns Erlösung schenkt. Auch wenn wir überall zu Gott beten, mit ihm sprechen können, kann ein sichtbares Kreuz unserem Beten doch eine Hilfe sein, kann ihm eine Ausrichtung geben. Ganz so, wie es einst Don Camillo gemacht hat. Den hat der Schriftsteller übrigens nach einem katholischen Priester benannt, der Partisan und Gefangener in Dachau und Mauthausen war.

Als Don Camillo einmal sehr unglücklich ist, weil man ihn in ein abgelegenes Gebirgsdorf verbannt, nimmt er das Kruzifix, unter dem er so gut beten kann, an diesen neuen Ort mit. Und Bürgermeister Peppone fährt ihn höchstpersönlich siebzig Kilometer weit mit seinem Lastwagen. Die restlichen Kilometer schleppt der Pfarrer das Kreuz selbst vier Stunden einen Maultierweg hinauf. An seiner neuen Wirkungsstätte stellt Don Camillo das Kruzifix in der dunklen einsamen Kirche auf. Dort trifft er ganz unerwartet Peppone, eben doch sein bester Freund und nicht Feind. Der steckt gerade den zehntausend-Lire-Schein, den er für den Transport verlangt hatte, in einen Opferstock. Angekommen an diesem fremden Ort, erschöpft vom weiten Weg und wohl auch mit etwas Heimweh, wendet sich Don Camillo zum Kreuz und fragt flüsternd: „Jesus, gefällt es dir hier nicht?“ Da bekommt er vom Herrn zur Antwort: „Gott ist überall.“

5.7 Eben noch war unser Herz voll Kummer

Ich verwandle ihre Trauer in Jubel, / tröste und erfreue sie nach ihrem Kummer. (Jeremia 31,13)

Es gibt Tage, an denen fragen wir uns abends: War das wirklich alles **ein** Tag?
So viele unterschiedliche Erlebnis oder Eindrücke, kaum zu fassen, dass ein einziger Tag für all das Raum hat. Nicht nur die Fülle der Begegnungen ist es, sondern auch die unterschiedliche Färbung dieser Situationen. Gerade freut man sich noch mit dem einen über eine bestandene Prüfung, schon hört man von einem lieben Menschen, der ins Krankenhaus muss. Eben noch Jubel und Minuten später schon Traurigkeit.

Außerdem sorgen Handy und Email ja dafür, dass uns alles noch viel schneller erreicht. Das Auf und Ab der Gefühle hat sich beschleunigt – und ebenso die Fülle der guten und schlechten Nachrichten, an denen wir Anteil nehmen. Nicht immer gelingt es, dass unsere Gefühle mit diesem Tempo Schritt halten.

Manchmal muss ich da an einen sehr einfühlsamen Arzt in einer Kinderklinik denken.
Am einen Tag lag noch ein schwer krankes Kind vor mir im Bett und am nächsten Tag saß da ein zwar sehr blasses, aber doch aufgewecktes kleines Mädchen. „Kinder", so erklärte mir der erfahrene Mediziner, „sind die ehrlicheren Patienten. Wenn es ihnen wieder besser geht, dann zeigen sie das auch sofort. Wir Erwachsenen brauchen oft noch ein paar Tage, bis wir uns das eingestehen können."

Stimmt, dachte ich. Sie trauen sich, den Umschwung der Gefühle sofort nach außen zu tragen, ohne darüber nachzudenken, warum das so ist oder gar, wie das auf andere wirken könnte.
Eine glückliche Gabe. Und sie macht vieles leichter.

Den Frauen, die an Ostern zum Grab Jesu kamen, um den Toten zu salben, ging es ähnlich. Erst wenige Tage zuvor hatten sie die Traurigkeit des Karfreitags erlebt. Und dann erfahren sie die Botschaft des Engels und begegnen dem Auferstandenen. Ihr Herr ist nicht mehr bei den Toten. Er ist auferstanden. Auch ihre Gedanken und Gefühle können kaum Schritt halten mit diesem Umschwung:

„Eben noch war unser Herz voller Kummer,
waren unsere Augen gefüllt mit Tränen.
Doch nun jubeln wir, singen und jauchzen:
Gepriesen sei der Herr, unser Gott!
Groß ist er und mächtig,
denn er hat den Tod besiegt."[4]

---

[4] Simon Rapp, Lichtweg – Via Lucis, Düsseldorf 2010

Diese Osterfreude ist das Herzstück unseres christlichen Glaubens. Machen wir es also wie die Kinder, freuen wir uns, auch wenn wir kurz zuvor noch Grund zur Traurigkeit hatten. Kummer und Freude sind nicht nur in unserem Leben sondern auch in unserem Glauben eng miteinander verwoben.

Chiesa San Carlo Borromeo, Noto, Sizilien

5.8 Die Osterglocken hören

Gott hat den Herrn auferweckt; er wird durch seine Macht auch uns auferwecken. (1.Korintherbrief 6,14)

Es gibt Lieder, die machen gute Laune. Und es gibt Lieder, deren gute Stimmung so ansteckend ist, dass man einfach mitsingen möchte. Mir geht das manchmal beim Autofahren so. Bei einer längeren Autobahnfahrt ist das ja kein Problem, da kann man zu einem Rückspiegel auf sichere Distanz gehen, wenn nicht gerade Stau ist. Aber wenn ich etwa im Berufsverkehr an einer roten Ampel stehe, dann verlege ich mich doch lieber aufs Mitsummen. Der Autofahrer in der anderen Spur muss ja nicht unbedingt mitkriegen, wie man da mehr oder weniger musikalisch vor sich hin trällert. Ehrlich gesagt wäre es mir ziemlich peinlich, wenn mich jemand beim Mitsingen ertappte.

Eines meiner liebsten Osterlieder stammt von Keith Green. Es heißt einfach „Easter Song", Osterlied. Und es ist so überschäumend vor Freude, Freude am Leben und Freude am Glauben, dass es einfach ansteckt. Dieser Sänger kennt keine Scheu, seine Freude und seinen Glauben aller Welt mitzuteilen. Und das sicher nicht nur deshalb, weil er so eine schöne Stimme hatte.

"Hear the bells ringing, they're singing that you can be born again. Hear the bells ringing They're singing Christ is risen from the dead" - Hör die Glocken läuten, singt Keith Green da, sie singen davon, dass Du neu geboren werden kannst. Sie singen, dass Christus von den Toten auferstanden ist. Freude aller Welt, er ist auferstanden – Halleluja."

Glockenläuten hat etwas von Sonntag, von Feiertag. Der Alltag macht Pause, wenn die Glocken läuten. Mal kündigen sie einen ernsten, aber oft einen frohen Anlass an. Am Tag des Kriegsendes 1945 läuteten an vielen Orten in Europa die Glocken, so sie denn noch vorhanden waren, aus Freude über das Ende des Schreckens.

Auch die Osterglocken, von denen Keith Green singt, verkünden das Ende von Traurigkeit. Sie sprühen vielmehr vor Freude, vor Glaubensfreude. Und die muss man eben nicht verschämt für sich behalten. Für die Weitergabe der Freude gibt es keine roten Ampeln.

5.9 Vor Freude in die Luft springen

Dann ging er mit ihnen in den Tempel, lief und sprang umher und lobte Gott. (Apostelgeschichte 3,8)

In einem Schulgebäude ist immer etwas los, wenn nicht gerade Ferien sind. Mal werden da Stühle gerückt und Tische geschoben, dann probt irgendwo jemand mit dem Orchester oder die Tanz-AG übt zu ihrer flotten Musik. Meistens kann man die Geräusche sofort zuordnen, man kennt sie eben. Und wenn gerade Große Pause ist, dann versteht man sein eigenes Wort nicht mehr. Manchmal geht mir das Getöse ehrlich gesagt auf die Nerven. Aber mit so manchem dieser Geräusche habe ich mich richtig angefreundet.

Dazu gehört vor allem ein ganz bestimmter Lärm, er ist unüberhörbar, ein typisches Sommer-Gejohle. Draußen scheint die Sonne, kein Wölkchen am Himmel und der Vormittag ist schon fortgeschritten. Alle sehnen sich nach Schwimmbad und Ferien oder einem Schattenplätzchen fernab von Vokabeln und Tests. Plötzlich geht da ein Beben durch das Schulgebäude, wie mit einer Stimme bricht sich lauter Jubel Bahn .... und die halbe Klasse scheint von ihren Stühlen aufgesprungen zu sein.
Mancherorts heißt dieser Jubel auch heute noch: Hurra – hitzefrei! Oder er ist das Echo auf die Ankündigung: „Heute gibt's keine Hausaufgaben," oder, besonders effektiv, „Die Mathearbeit wird auf nächste Woche verschoben".
Jubel, das kann man bei solchen Gelegenheiten spüren, ist etwas anderes als stille Freude. Laut und befreiend, mit ungedämpfter Stimme und vollem Körpereinsatz. Offensichtlich ist solcher Jubel ansteckend.

In der Osterwoche hören wir immer wieder in den biblischen Lesungen von Menschen, die jubeln vor Freude. Und sogar von einem, der so aus dem Häuschen war, dass er vor Freude herumhüpft. Da sitzt ein Gelähmter tagtäglich an der Schönen Pforte des Tempels und erbettelt sich seinen Lebensunterhalt. Bis zu jenem Tag, an dem Petrus und Johannes ihn im Namen und mit der Kraft Jesu heilen. Unfassbar für alle, die ihn als den armen Gelähmten seit Jahren kennen. Nun springt doch dieser Kerl tatsächlich umher und jubelt und lobt Gott! Für ihn ist seine Heilung ein Grund Luftsprünge zu machen. Genau wie in der Schule oder beim Fußball: Jubel und von den Stühlen aufspringen, das ist eins.

Gott gibt uns an Ostern genau diesen Grund zur Freude und zum Jubel – Jesus Christus hat „gewonnen". Und die Freiheit, die er uns schenkt ist unendlich viel mehr als nur Hitzefrei. Grund genug zum Jubel haben wir also, und einen Ruf, mit dem wir Gott zujubeln können, den haben wir auch: Halleluja. Das ist kein langweiliger Gesang in der Endlosschleife. Es ist Ausdruck der Freude darüber, dass Heil und Leben und nicht Krankheit und Tod das letzte Wort behalten. Halleluja bedeutet so ziemlich dasselbe wie ein Luftsprung vor Freude: Gelobt sei Gott.

5.10 Ich hab's vor Freude kaum glauben können

Bei diesen Worten zeigte er ihnen seine Hände und Füße. Sie staunten, konnten es aber vor Freude immer noch nicht glauben. (Lukas 24,40-41)

Bei Preisverleihungen werden öfter mal Tränen vergossen. Ob beim Goldenen Bären, der Silbernen Palme oder der Oscar-Verleihung, immer liegt da eine gespannte Vorfreude in der Luft. Und wenn dann endlich bekannt gegeben wird, wer die erhoffte Auszeichnung bekommt, ist so mancher sonst so redegewandte Star ziemlich sprachlos. Da wird gestammelt und geschluchzt, die eine oder andere Träne und manch sentimentaler Satz ist vielleicht auch vorher schon mal ein bisschen geübt worden. Aber, wenn es charmant rüber kommt, nehme ich es den Preisträgern nicht übel. Am sympathischsten finde ich es aber, wenn einer von den ganz Großen, Schönen oder Klugen den Preis wirklich und ehrlich überrascht entgegennimmt. „Ich hab es vor Freude nicht glauben können", hört man dann schon mal von einem der Preisträger.
Aber auch in ganz anderen Situationen gibt es diese staunende, ungläubige Freude. Kaum zu fassen war es für die Rettungsmannschaften, als in Japan neun Tage nach einem verheerenden Erdbeben ein 80jährige Frau und ihr 16jähriger Enkel lebend aus den Trümmern geborgen werden konnten. Oder wenn zwölf Kinder nach über zwei Wochen von Spezialkräften durch hochriskante Tauchmanöver aus einer Höhle gerettet werden.

Solche Erlebnisse berühren uns, selbst wenn wir sie nur aus der Ferne miterleben. Etwas vor Freude kaum glauben können, das ist genau das, was uns der Evangelist Lukas auch von den Jüngern erzählt, die Jesus nach seiner Auferstehung an Ostern begegnen:
Ich bin es selbst, sagt er zu seinen fassungslosen Freunden, fasst mich doch an, und zeigt ihnen seine Hände und Füße. Sie aber „staunten und konnten es aber vor Freude nicht glauben", erzählt Lukas weiter.
Ich kann die Jünger gut verstehen. Kurz zuvor haben sie noch den Tod Jesu betrauert und nun diese Begegnung. Das ist schon mehr als eine freudige Überraschung. Es ist kaum zu glauben. Für mich sind ihre Gefühle, ihre ungläubiges Staunen ein Zeichen dafür, dass sie keine Phantasten und Träumer waren. Sondern ganz normale Leute, die genauso reagieren, wie wir es sicher auch tun würden: Sie konnten es einfach vor Freude nicht glauben. Jedenfalls solange nicht, bis der Auferstandene ihnen selbst die wunderbaren Ereignisse erklärt und ihnen die Augen öffnet für das was geschah.
Eines haben die Preisverleihung und Jesu Auferstehung auf jeden Fall gemeinsam, es sind Sternstunden im Leben des Menschen, der sie erlebt. Eine fassungslose Freude, von der man ein Leben lang zehren kann, selbst dann noch, wenn man gerade gar keinen Grund zur Freude im eigenen Leben mehr zu sehen glaubt.

5.11 Panis angelicus – Himmelsbrot

Ich bin das lebendige Brot, das vom Himmel herabgekommen ist. Wer von diesem Brot isst, wird in Ewigkeit leben. (Johannes 6,51)

Menschen, die kein Brot haben, kennen seinen Wert am besten. Und die bewegendsten Erzählungen vom Brot entstehen dort, wo man es am bittersten entbehrt. Von den Kriegsgefangenen der Weltkriege heißt es, dass sie das Brot als etwas Heiliges, als Lebenselixier und Spender aller Lebenskraft ersehnten. In einem jener ergreifenden Berichte wird erzählt: „Mit großer Ehrfurcht wurde vom Stubenältesten oder einem Vertrauenswürdigen das tägliche Brot mit Draht oder anderen Behelfsmitteln sorgfältig geteilt, ohne dass auch nur ein Krümelchen verloren ging – Messer durfte ja kein Kriegsgefangener besitzen. Auch das Essen des Brotes hatte fast sakralen Charakter. Das Stück, oft nicht größer als zwei Finger breit, wurde sorgsam betrachtet und befühlt, gekostet, bedächtig gebrochen. Niemand durfte diese Handlung stören, denn jeder wollte den Genuss noch recht lange für sich haben. Brot war eben das wichtigste im Leben der Kriegsgefangenen und verjagte die Sorgen für den Moment des Essens. Der würzige Duft berauschte sie ständig aufs neue, wenn sie am Brotschalter Schlange standen. In Gedanken waren sie dabei in der Heimat und sahen ihre Lieben vor dem gedeckten Tisch sitzen."
Ich weiß nicht mehr, wer diesen Bericht einmal geschrieben hat. Aber seine Worte sind mir vertraut geworden. Immer wenn ich mit jungen Leuten über die Bedeutung der Mahlfeier im Gottesdienst, die Eucharistie, spreche, lesen wir diesen Bericht gemeinsam. Und er sagt ihnen mehr, als eine gelehrte theologische Abhandlung. Er zeigt, was es heißt, etwas existentiell Wichtiges zu entbehren oder zu erhalten. Meine Existenz, also mein Leben, hängt davon ab. So ist es auch mit dem Brot des Lebens, das die Kirche an Fronleichnam feiert. Es ist kein frommer Brauch, den man aus Folklore-Gründen beibehält - und dort wo ihn keiner mehr fotografieren möchte, aufgibt. Fronleichnam zeigt uns das Brot, das unseren Hunger wahrhaft stillt. Unseren Lebenshunger. Unseren Hunger nach Gerechtigkeit. Den Hunger nach Liebe. Dieses Brot, das Christus selbst ist, ist die Erfüllung einer Sehnsucht, für die es eigentlich keine Worte gibt. Kein Wunder, dass man es auch *panis angelorum*, das Brot der Engel, genannt hat und als *Panis angelicus* wunderschön besingt.

Eine Fronleichnamsprozession ist etwas für's Auge. Bunt und lebendig, flatternde gelb-weiße Fahnen und der berühmte samtene Himmel, über der vom Priester getragenen goldglänzenden Monstranz mit der Hostie. Kommunionkinder in weißen Kleidern oder hellen Kutten, Menschen in schmucken Trachten oder festlicher Kleidung, ein ungewohntes Farbenspiel in unseren heimischen Straßen. So mancher Zaungast steht am Rand und schaut einfach nur interessiert dem Schauspiel zu. Polizisten und Polizistinnen leiten den Verkehr in andere Bahnen und verbringen so den Feiertag im Dienst. Auch mancher Autofahrer wartet wohl einmal nervös darauf, wann es denn endlich wieder weitergeht. Aber trotzdem sehe ich selten missbilligende oder ablehnende Gesichter. Im Gegenteil. So manches Lächeln, freundliches Nicken begegnet uns. Uns, die wir da in der Prozession mitlaufen. Und immer noch stehen Jahr für Jahr vor vielen Häusern Blumen, eine brennende Kerze, ein Kreuz, ein Heiligenbild oder ein kleiner Blütenteppich ist da sorgfältig gestaltet. Eltern mit Kinderwagen, Großmütter mit Enkeln, Väter, die den Jüngsten auf den Schultern mittragen oder Chormitglieder, die ihr bestes geben, um den Prozessionsgesang nicht verstummen zu lassen, es ist jedes Jahr eine bunte und fröhliche Angelegenheit. Ich möchte sie nicht missen, diese Prozession, mit der Jesus Christus in Gestalt des Brotes durch die Straßen getragen wird.

Obwohl ich mir immer wieder beim Loslaufen einen kleinen Ruck geben muss. Es macht einen Unterschied, ob man zu den wohlwollenden Zuschauern oder zu denen gehört, die da mitlaufen. Nicht weil der Weg besonders weit wäre, und auch das Wetter spielt ja erstaunlich oft mit. Nein, der Unterschied liegt eher darin, dass ich etwas von mir preisgebe. Ich mache meinen Glauben öffentlich. Für alle Autofahrer, alle Anwohner und sogar für die Polizisten bin ich sichtbar ein Mitglied dieser Prozession, dieser Kirchengemeinde.

Es kostet mich nichts, diese Öffentlichkeit. Bei uns gibt es dafür keine Schikanen, keine Diskriminierung, noch nicht einmal ein Stirnrunzeln. Aber es ist doch nicht selbstverständlich, sondern ich habe das Gefühl, damit ein Bekenntnis abzulegen. Viel privater, als wenn ich jemand erkläre, welche Partei ich wähle.

Im Gesang der Fronleichnamssequenz heißt es: „Dieses Brot sollst du erheben, welches lebt und gibt das Leben, das man heut den Christen weist." Genau so verstehe ich die Fronleichnamsprozession. Wie der hungernde Gefangene das Brot ehrfürchtig in die Hand nimmt, als Kostbarkeit, die ihm hilft weiter zu leben, zu überleben. Er nimmt es an sich wie einen Schatz und genießt das Brot bis zum letzten Krümel. Genauso ehrfürchtig zeigt die Kirche bei der Prozession das Brot des Lebens und bringt seinen Segen dorthin, wo Menschen miteinander leben.

Andy Warhol Wandbild in belgischem Café

5.12 Eingeladen zum Fest

Sagt den Eingeladenen: Alles ist bereit. Kommt zur Hochzeit (Matthäus 22,4)

In der Filmkomödie „Vier Hochzeiten und ein Todesfall“ treffen die Einladungen immer in edlen Briefumschlägen mit eleganter Schönschrift ein. Mit schöner Regelmäßigkeit trudeln sie ein. Und immer schafft es Hugh Grant in der Rolle von Charles irgendwie doch zu verschlafen. Dieser schwungvolle Film ist längst ein Klassiker geworden. Eine Szene darin zeigt, wie der notorische Junggeselle und Herzensbrecher Charles wiedermal als letzter Gast in der schon vollbesetzten Kirche ankommt und er fragt seinen Nachbarn nur wie nebenbei: „Und, wer ist es diesmal?“
Keiner nimmt Charles sein Zuspätkommen wirklich übel. Aber das erstaunliche ist, dass er tatsächlich immer kommt. Auch wenn er beim Klingeln des Weckers bis zum Eintreffen am Ort der Trauung nicht mehr weiß, wer eigentlich heute genau heiratet, er kommt. Er macht sich auf den Weg, ob er nun schon gefrühstückt hat oder nicht, ob das Auto anspringt oder ob er die U-Bahn nehmen muss, Charles kommt. Warum? Weil die Einladenden zu seinem Freundeskreis gehören. Und da spielt es keine Rolle, in welcher Stimmung er ist oder mit welchem Auto er in der noblen Gesellschaft ankommt. Er kommt, weil Freunde ihn einladen, einen wichtigen Tag ihres Lebens mit ihm zu feiern.

Im Gleichnis vom Hochzeitsmahl, das Jesus erzählt, ist das ganz anders: Mit dem Himmelreich ist es wie mit einem König, der zur Hochzeit seines Sohnes einlädt. Aber die Eingeladenen kümmern sich nicht um diese Einladung. Ihre Arbeit ist ihnen wichtiger. Der eine geht aufs Feld, der andere in seinen Laden. Und einige der Eingeladenen bringen sogar die Diener des Königs, der sie einlädt, um. Daraufhin fackelt der König nicht lange mit seinem Urteil: Die eingeladenen Gäste waren es nicht wert, stattdessen lädt er nun andere zum Hochzeitsfest. Menschen von der Straße, Gute und Böse, einfach alle, die den Dienern über den Weg laufen. Jeder ist willkommen, außer einem. Der Mann, der kein Hochzeitsgewand angezogen hat. Für ihn findet der Gastgeber keine milden Worte, keine Entschuldigung. Er wird in Schimpf und Schande hinausgeworfen. Um korrekte Kleidung geht es Jesus bei diesem Gleichnis natürlich nicht. Sondern das verlangte hochzeitliche Gewand steht für eine innere Haltung und vielleicht noch für viel mehr.

Jesus lädt uns auch heute noch ein. Nicht nur Sonntagsvormittags, sondern jeden Tag. Wie es der Titel eines Liedes sagt, sind wir „eingeladen zum Fest des Glaubens.“ Wer diese Einladung Jesu annimmt, verlässt sich – ganz wie der notorische Zuspätkommer Charles – auf den, der einlädt. Wie es in einer der Liedstrophen heißt: Aus den Dörfern und aus Städten, von ganz nah und auch von fern, mal gespannt, mal eher skeptisch, manche zögernd, viele gern, folgten wir den Spuren Jesu, folgten wir dem, der uns rief… Eingeladen zum Fest des Glaubens sind wir jeden Tag neu. Eine Einladung, die anzunehmen sich lohnt.

6. In Ihm verwurzelt

6.1 Rangstreit der Bäume

Einst machten sich die Bäume auf, um sich einen König zu salben. (Richter 9,8)

Über Politiker schimpft mancher gern und ausgiebig. Ob am Stammtisch oder am Frühstückstisch beim Zeitungslesen. Wer die Macht hat oder haben möchte, wird schnell zur Zielscheibe von Kritik und Spott. Zum Glück leben wir in einem Land, in dem solche Kritik geübt werden darf und wir sind stolz auf eine freie Presse, in der Journalisten sagen dürfen, was Politiker ihrer Meinung nach falsch machen. Wo man nicht so offen Kritik üben darf, da verschleiert man seine Worte etwas und versteckt sie hinter humorvollen bis beißenden Anspielungen. Gerade dort, wo keine Meinungsfreiheit herrscht, lieben Menschen das Kabarett und dort läuft es vielleicht zur Höchstform auf.

Schon zur Zeit vorchristlicher Könige erzählte man gerne Fabeln, um Kritik zu üben. So spricht eine alte biblische Fabel davon, wie die Bäume sich einen König wählen wollten.
Als ersten Kandidaten küren sie sich den Ölbaum und sagen zu ihm: „Sei du unser König." Aber der Ölbaum wehrt ab: „Soll ich mein Fett aufgeben, mit dem man Götter und Menschen ehrt? Und dann hingehen um über den anderen Bäumen zu schwanken?" Nach dieser Abfuhr wenden sich die Bäume an den Feigenbaum und fordern ihn auf: „Komm, sei du unser König." Aber auch er lehnt die Wahl ab: „Soll ich meine Süßigkeit aufgeben und meine guten Früchte und hingehen, um über den anderen Bäumen zu schwanken?" Doch die Bäume geben nicht auf, sie wollen unbedingt einen König. So gehen sie zum Weinstock und bitten: „Komm, sei du unser König!" Doch auch der Weinstock findet einen Grund für seine Absage: „Soll ich meinen Most aufgeben, der Götter und Menschen erfreut – nur um über den anderen Bäumen zu schwanken?" Schließlich verfallen die Bäume auf einen Ausweg. Sie wenden sich an den, bei dem sie mit keiner Ablehnung rechnen müssen und sagen zum Dornenstrauch: „Komm, sei du unser König!" Der Dornenstrauch ist geschmeichelt: „Wollt ihr mich wirklich zu eurem König salben?" Und er nimmt seine Wahl an, indem er ihnen sofort Versprechungen macht, was er nach seiner Wahl für sie tun werde: „Kommt, findet Schutz in meinem Schatten!" Und weil er weiß, dass er verspricht, was er nach der Wahl nicht halten kann, fügt er hinzu: „Wenn aber nicht, dann soll vom Dornenstrauch Feuer ausgehen und die Zedern des Libanon fressen!

Die Moral dieser Fabel ist offensichtlich. Kein vernünftiger Mensch kann ausgerechnet dem Dornenstrauch zutrauen, Schutz und Schatten zu spenden. Vielmehr appelliert die Fabel an die Bäume, bei der Wahl ihres Herrschers klug zu handeln und sich einen Herrscher zu wählen, der sie nicht unterdrückt oder ihnen falsche Versprechungen macht. Der Mann der diese Fabel erzählt, heißt übrigens Jotam, was so viel heißt wie „Gott ist redlich". Jotam appelliert an die Redlichkeit. Also an Ehrlichkeit, Rechtschaffenheit, moralische Zuverlässigkeit. Jotams Name und seine Fabel sind im Grunde ein politisches Programm.

6.2 Was wir sehen, blickt uns an

Siehe, von nun an preisen mich selig alle Geschlechter. (Lukas 1,48)

Wer in Urlaub fährt, kommt mit Bildern nachhause. Fotos, die man Freunden zeigt oder auch Bilder, die wir nur in uns tragen. Es gibt darunter zahllose Bilder, die wir wieder vergessen. Andre prägen sich unserer Seele ein. So ist das auch mit den Bildern Marias.
Wo immer man Maria besonders verehrt, so scheint es mir jedenfalls, steht am Beginn dieser Verehrung ein Bild. Manchmal wird das verehrte Bildnis im Lauf der Zeit durch eine Statue, eine Skulptur ersetzt. Und manchmal weiß man nach Jahrhunderten gar nicht mehr, wie denn das ursprüngliche Marienbildnis genau ausgesehen haben mag. Aber Menschen kommen zu diesen Bildern oft von weit her, um ihre Anliegen, ihren Kummer und ihre Hoffnungen dort auszusprechen. Sie vertrauen Maria ihr Herz an und bitten sie, ihr Herzensanliegen vor Gott zu tragen.

Im Bistum Mainz kennt man die Marienborner Wallfahrt zum Gnadenbild der Trösterin der Betrübten. An deren Anfang stand wahrscheinlich auch ein von den Gläubigen verehrtes Marienbild, an dessen Stelle trat später eine Marienstatue aus Lindenholz.

Ein kluger Mann hat einmal geschrieben: „Was wir sehen, blickt uns an." Darin liegt vielleicht das Geheimnis der Marienbilder. Es ist ein liebevoll-aufmerksamer Blick, den Menschen spüren, die vor einem Marienbild besonders innig und vertrauensvoll beten. Ob in Marienborn, ob in Kevelaer, Schönstatt, in Guadeloupe oder in Madrid.

Zum Weltjugendtag in Madrid traf sich Papst Benedikt XVI mit Tausenden von Jugendlichen aus aller Welt in der spanischen Hauptstadt. Gemeinsam feierten sie eine Messe in der Kathedrale der Jungfrau von Almudena. Diese Kathedrale im Stadtzentrum von Madrid ist benannt nach einem Marienbildnis, das einst in der Stadtmauer versteckt und Jahrhunderte später auf geheimnisvolle Weise wiedergefunden wurde. So trägt die Patronin Madrids, Santa Maria de la Almudena, in ihrem Namen die Erinnerung an die von den Mauren eroberte Festung, an ein Marienbildnis und seine wechselvolle Geschichte.
„Du, die du verborgen warst in den Mauern von diesem geliebten und alten Madrid, heute strahlst du vor deinem Volk, das dich verehrt --..." heißt es im Hymnus der Almudena.

Maria schaut nicht nur von ihren Bildern auf uns herab. Sondern ihr Blick kommt zu uns aus der Gegenwart Gottes, in die sie aufgenommen wurde: „Was wir sehen, blickt uns an". Zu spüren, dass dieser Blick auch heute auf uns und unseren Herzensanliegen ruht, das gehört zum Geheimnis von Mariae Himmelfahrt.

6.3 Pardon, ich bin Christ

Du bist Petrus und auf diesen Felsen werde ich meine Kirche bauen und die Mächte der Unterwelt werden sie nicht überwältigen. (Matthäus 16,18)

Unter diesem Titel veröffentlichte C.S. Lewis seine „Argumente für den Glauben". Viele kennen die Narnia-Chroniken, seine sieben Fantasy-Romane, die erfolgreich verfilmt wurden. Der anglikanische Autor ist bekannt für seinen Humor und für die Gabe, komplizierte theologische Sachverhalte flott, aber keineswegs oberflächlich darzustellen. Der englische Schriftsteller Clive Staples Lewis lebte von 1898 bis 1963, promovierte in klassischer Philologie und Philosophie, war Professor für Literatur in Oxford und verfasste unter anderem seine höchst unterhaltsame „Dienstanweisung für einen Unterteufel". Darin schreibt ein höllischer Unterstaatssekretär namens Screwtape an seinen Neffen Wormwood, der als Unterteufel noch sehr unerfahren ist in der Kunst, einen Menschen von seinem Glauben an Gott abzubringen.
Vielleicht liest sich das humorvolle Büchlein deshalb so gut, weil Lewis selbst früher Atheist war. Durch den Einfluss christlicher Freunde in Oxford, insbesondere des überzeugten Katholiken Tolkien, bekannt durch das Werk „Herr der Ringe", wurde Lewis Christ.

Lesenswert sind alle seine Bücher. Aber gerade in Zeiten, in denen von außen und innen viel Kritik an der Kirche geübt wird, geben seine Briefe an den Unterteufel Stoff zum Nachdenken. Mit Missvergnügen hat Screwtape zur Kenntnis genommen, dass ein junger Mann Christ geworden ist. Und so rät er Wormwood, dem neu Bekehrten die Schwächen seiner Mitchristen und die Schwachstellen kirchlicher Gemeinschaft deutlich vor Augen zu führen. Eine salbungsvolle Miene, falscher Gesang, modische Fehlgriffe oder nicht sonderlich sympathische Züge des jeweiligen Banknachbarn könnten den jungen Christen dazu bringen zu glauben, „dass es auch mit der Religion dieses Menschen irgendwie komisch bestellt sein müsse." Seine Strategie solle darin bestehen, aus allen Kräften an der Ernüchterung des gläubig Gewordenen zu arbeiten, damit er den Widerspruch zwischen dem hohen Ideal, „Leib Christi" und der enttäuschenden menschlichen Realität als schlagendes Argument gegen die Glaubwürdigkeit dieser Kirche sieht. Bezeichnenderweise leugnet der Autor an keiner Stelle die tatsächlichen Defizite, im Gegenteil. Er lässt den Oberteufel feststellen: „Einer unserer besten Bundesgenossen ist gegenwärtig die Kirche selbst. Aber bitte, verstehe mich richtig! Ich meine natürlich nicht die Kirche, wie wir sie sehen: sich über Raum und Zeit erstreckend und verwurzelt in der Ewigkeit... Glücklicherweise aber ist das den Menschen verborgen."

Auch so manch anderes Thema in höllischen Dienstanweisungen ist durchaus aktuell. So rät Screwtape seinem Neffen, dem frischgebackenen Christen den „Abscheu vor immer denselben alten Dingen" einzugeben. Ob Torheiten im Staat, Untreue in der Ehe oder Unbeständigkeit in der Freundschaft, ein Großteil menschlicher Fehler entstehe aus dem Bedürfnis nach dem Neuen, als dem scheinbar Interessanterem. Auch Modeströmungen des Denkens, so der Unterstaatssekretär, „benützen wir, um die Aufmerksamkeit der Menschen von den ihnen wirklich drohenden Gefahren abzulenken". Und generell empfiehlt er, die Ablehnung allzu intensiver Frömmigkeit „modern" zu machen, wenn in Wirklichkeit alle

weltlich und gleichgültig werden, in Zeiten der Grausamkeit vor Sentimentalität zu warnen und so fort.
Schließlich beklagt er, dass Gott vom Menschen nur ganz schlichte Gedanken verlange: „Der Feind liebt Plattheiten." Er verlange, dass Menschen sich bei Lebensentscheidungen nur fragen: „Ist es gerecht? Ist es klug? Ist es möglich?" Das Ziel von „Unserm-Vater- in-der Tiefe" sei es dagegen, dass Menschen sich bei ihren Entscheidungen fragen: Ist es in Übereinstimmung mit dem allgemeinen Zeitgeist? Ist es fortschrittlich oder reaktionär? Dann, so ist sich der Unterstaatssekretär Screwtape sicher, werden die Menschen die wesentlichen Fragen vernachlässigen.

Im 16. Brief an den recht kläglich agierenden Unterteufel rät ihm Screwtape, den jungen Christen von der Treue zu seiner Pfarrgemeinde abzubringen: „Erstens sollte die Pfarrgemeinde immer angegriffen werden; denn da sie eine Einheit im Raum und nicht eine Einheit von Sympathien ist, bringt sie Leute verschiedener Stände und psychischer Veranlagung zu einer Vereinigung, wie sie vom Feind gewünscht wird. Das Prinzip der freien Gemeindebildung macht andererseits jede Kirche zu einer Art Klub und schließlich, wenn alles gut geht, zu einer Clique oder Partei." Wenn man einen Gläubigen schon nicht von der Kirche abhalten könne, müsse man wenigstens dafür sorgen, dass er sich leidenschaftlich einer bestimmten Richtung in der Kirche anschließt. Und in den folgenden Zeilen macht C.S. Lewis deutlich, was mit dieser Ablehnung einer ganz bunt zusammengesetzten Pfarrgemeinde erreicht werden kann: „Ohne unser Wirken wäre die Vielgestaltigkeit der Bräuche innerhalb der Kirche von England zu einem wahren Treibhaus der Liebe und der Demut geworden."

Diese Vielgestaltigkeit ist auch Kennzeichen einer lebendigen Kirche, ganz unabhängig von Fragen der Modernität oder Sinus-Milieus. Allerdings ist Kirche vor allem auch das, was C.S. Lewis wesentlich, aber nicht für jeden offensichtlich schien: Über Raum und Zeit hinweg verwurzelt im Glauben und in der Ewigkeit.

MIX
Papier aus verantwortungsvollen Quellen
Paper from responsible sources
FSC® C105338

Printed by Books on Demand GmbH, Norderstedt / Germany